印度，改变一生的旅行

贺泽劲／著

一个单身女子的印度孤旅

一段足以改变一生的旅程

每个人心中都有一个印度，那是你的前世，亦是你的今生，它一直在那里，等着你的出发。

印度该是人生中最值得去的地方。

在这里，不得不诚实地面对内心，看着生命赤裸裸，聆听自己。

在这里让人回归原点，善良、仁慈、忠诚、欺恶、艰险、无奈、尊卑……

恒河本身和河中的每一滴水都是一座庙宇，从某种程度上说，信仰塑造了印度人温顺和善的性格，他们大都安于天命、老实本分、易于相处。

廣東旅游出版社
GUANGDONG TRAVEL & TOURISM PRESS
悦读书·悦旅行·悦享人生

图书在版编目（CIP）数据

印度，改变一生的旅行 / 贺泽劲著. -- 广州 : 广东旅游出版社, 2014.4
ISBN 978-7-80766-778-0

Ⅰ. ①印… Ⅱ. ①贺… Ⅲ. ①旅游指南－印度 Ⅳ. ①K935.19

中国版本图书馆CIP数据核字(2013)第319579号

策划编辑：王湘庭
责任编辑：王湘庭
美术设计：谢晓丹　邓传志
责任技编：刘振华
责任校对：李瑞苑
图片摄影：贺泽劲

发　　行：广东旅游出版社出版发行
地　　址：广州市天河区五山路483号华南农业大学公共管理学院14号楼3楼
邮　　编：510640
邮购电话：020-87348243
网　　址：www.tourpress.cn
印　　刷：深圳市希望印务有限公司
地　　址：深圳市坂田吉华路505 号大丹工业园二楼

纸张：787毫米×1092毫米
开本：16开
印张：13.5
字数：200千字
2014年4月第1版第1次印刷

定价：39.50元

椰影下**黄色的老屋，银色的老爷车**，空气中有港口城市惯有的清新且略带咸湿的风。面对阿拉伯海畔的科钦老城，就像充满回忆的老人，守护在北纬10度的狭长半岛海畔，在此慢慢老去。

KL-7
R 405

躁染喧嚣后，拨弄的总是闲趣。如果以另一种恬淡的方式去理解印度，盛开的花楹树，照应万物众生，不动声色。

如果将这里的女人比喻成一座花园，阳光下人们必经的路旁都慎重开满了花，那些颤抖的叶所等待的爱，都是来自前世的盼望，只等花一开就相爱。读着席慕容的诗，想着曾认识过的那些女人们，柔软灵动和沧海桑田就浮现眼前。

焦代普尔的孩子们，眼神中透着光泽，澄亮纯真朴实。他们自小生活在城里，弯曲起伏的巷道养育了一代又一代，人们沿袭传统，拥有创新文化，女孩子可以去读书，男孩子不必沿袭父职，也不用穿破衣烂衫或赤脚走路，童年就像童年该有的天真烂漫模样， 连笑容也透着平静的知足。

印度有很严格的等级种姓制度，每个人从出生时便被烙上了阶层痕迹。车夫的儿子还是车夫，鞋匠的孩子还是鞋匠，一个地摊即是全部家当。只有在印度，才能深刻体验到人与人之间那么不同。

出版前言

一本书，一段旅程，一种人生

这本书的出版，颇有些坎坷，除去时间上的拖延，中途又几经变故，用作者的话说是“做伤了”。对于读者，越是惊险越是奇遇当然越是精彩，对于作者，无论笔下的文字多么鲜活，语调多么轻松，真正经历过才知道，一段旅程，永远比文字能承载的更丰富，而旅途中的记忆，无论好坏，都将温暖你的一生。

一直觉得贺泽劲是一个很不错的旅游书作家，去过很多地方，出版了很多旅游攻略……直到看到这本《印度，改变一生的旅行》仿佛才看到一个真正的她，坚强、多思、有些小刻薄却容易被感动，有些小精明却容易被算计。她说，是印度改变了她，让她重新面对真实的自己，面对自己的脆弱、多疑、固执，也面对自己的善良、宽容和坚强。无论哪一个自己，在印度这个奇异的国度都被放大，直到你无法忽略他的存在。

一本旅游书所能做到的，就是把这样一段经历摆在你面前，把这样一种奇妙的力量展示出来，至于评说，那是读者的事，这一点，贺泽劲无疑做到了。

去过印度的人说，这是一个无法言说的国度，你可以用极端的语言形容它的不好，也可以用朝圣的心态去描绘它的奇妙。这里有一种力量，让踏上这片土地的人从自以为的自我中走出来，真实地面对自己的内心，对于贫穷、生死更有了一种全新的审视。

正如书里所说，你可以嘲笑一些印度人的不思进取和安于贫穷，却无法忘记这个普遍有着信仰的国度所孕育出的淳朴和善良，即使在旅途中的黑夜，这些善良也能照亮和温暖独自前行的旅人。而佛教、吠陀文化、瑜伽，这些现代人拿来显摆的闲情雅致，也都出自这个被某些人所诟病的贫穷国家，这里曾创造的辉煌，没有亲历，恐怕永远无法体会。

有人问，一段旅行是否能改变人的一生？其实，一本书、一段旅程、一种人生，只要决定改变，没有什么能让你停下脚步。到今天，印度已成为了名人朝圣之地，去印度，或者不去印度，乔布斯还是那个乔布斯，但或者，乔布斯不去印度，苹果不会是今天这个苹果呢？

一切都未可知。

而印度，它一直在那里，不张扬、不做作，默默接受着来自全世界的赞扬和批判，它不靠近你，你却不远万里追寻它。

每个人心中都有一个印度，那是你的前世，亦是你的今生，它一直在那里，等着你的出发。

Contents 目录

加尔各答，这座城市在燃烧我

初到印度，乌鸦自在地飞在天上，神牛随意地呆在路边，出租车司机说这儿关门那儿倒闭……满眼混乱的不愉快。

清奈，海就在这里

海边的清奈，让人惊奇的不是大海，是沙滩上的石头建筑。它们从几世纪到几十世纪，从未多言，任由世人评说。遗忘也好，荣誉也罢，它们都在那儿。

科钦，一个人的阿拉伯神话

大街上到处流淌着异域风情，有很多葡式、英式、西班牙式的古老建筑和欧式教堂。尽管不知道每一栋老建筑里面曾发生的故事，但从老建筑旁走过，会有种沧桑感扑面而来，仿佛走进了科钦的记忆深处。

孟买，天堂与地狱同在

充满混乱而愉快气息的孟买，古典庄重又不失邋遢，在建筑和空间的角力中，泰姬玛哈酒店华丽地胜出，续写孟买的城市传奇。

乌代普尔，天空下的白色古城

从16世纪开始，白色大理石就不断堆积在城里各个角落，直到成为“白色之城”。清波微荡的湖水，墙角的曼陀罗花艳丽静默，岁月风貌的灰白建筑都在尽情地流露出安静的低调和奢靡的优雅。

焦代普尔，梵天曾在这里居住

顺着小路一直走到古堡脚下，边走边触摸古旧的石墙散发出的幽旧冷凉的气息。不管是站在高处向下望还是走在城中置身其中，都会读到这座城市的不畏惧和可以触摸的真实自然。

杰萨梅尔，勇士与美女成就的传奇

漫无边际的沙漠，长长的铁轨，漆黑夜色中划破天际的车轮声，来自火车头的橘色灯光闪耀着流星般的光芒，如清远辽阔的画面佳作。清早醒来拍掉皮肤上的沙，恍然间瞅见同车印度女人们扯下纱丽扬手抖沙粒，姿态优美，妙趣盎然。

德里/卡久拉霍

一座门分开两个世界，一个世界里拥有财富尊严，一个世界里只有贫穷低卑，这座门叫印度门。如同所有城市般的热闹又冷漠，吵闹又整齐。不想违心地说，我更喜欢旧德里，但却怎么也喜欢不了新德里。

瓦纳拉西，天堂的入口

瓦纳拉西屹立在恒河左岸，数不胜数的神庙簇拥着长达六七公里的河岸，有如一段信仰的峭壁。印度教徒认为，湿婆常在瓦纳拉西的恒河岸巡视，在此死亡并火化的人均可免除生死轮回之苦，直接升入天堂。

后记

加尔各答，这座城市在燃烧我

初到印度，乌鸦自在地飞在天上，
神牛随意地呆在路边，
出租车司机说这儿关门那儿倒闭……满眼混乱的不愉快。

欢迎没有仪式

没有窗户的窗，斑驳肮脏的建筑，赤脚行走的男人，满头白发瘦骨嶙峋的人力车夫……这就是加尔各答吗？

坐在阿拉伯航空飞往加尔各答的飞机上，日出透过云层在1万英尺的高空华丽上演。印度于我，既神秘又诱惑，东方文明古国，几千年丰蕴的人文历史和精神世界，还有优美夸张的建筑色彩。

几天后的我，完全忘记曾有过的期待。走进混乱脏挤的城市，勇气多过理智。这是印度的大城市，两千年的时间不只是简史，泰戈尔拉阔了城市的宽度。

当与历史和文化同行，惊觉印度人的黑色幽默，张扬得让人窒息。

一座城市的辉煌和疮痍就如此不遮掩地呈现，直白得让人出乎意料措手不及。这座城市也有梦想，如王尔德说过：“我们都生活在下水道里，但依然有人夜夜仰望星空。”

加尔各答给我的第一印象就是这样。不是城市的高楼建筑，不是古典风格的殖民建筑，是刚下飞机就能看见平矮的机场候机楼，走出机场垃圾堆成山，天上飞的都是黑色乌鸦，地上躺的则是流浪汉。满心欢天喜地的期待，在顷刻间被瓦解。

经历了澳门机场和曼谷机场，对印度第三大城市加尔各答机场原本期待满满。一下飞机就找去卫生间，结果只好皱着眉头出来，卫生间里苍蝇蚊子放纵地赛跑，昏暗灯光照不亮角落仿佛堆了百年的灰尘，水渍黄斑的墙砖让人产生强烈的不适感。工作人员耸着肩很认真地告诉我机场只有一个卫生间时，眼光中透出自信得意。

提了行李、换了卢比走出机场时，我简直惊呆了，想起“枯藤老树昏鸦”。机场前唯一的公路仅够停一辆出租车，出租车矮小瘦弱的模样让人担心其安全指数，机场外没有任何建筑，土坯垃圾堆歇满黑压压的一群乌鸦，一棵枝叶稀疏的大树孤影行单地也被乌鸦们当作了长驻家园，再远些，几只牛，或许更多，散漫地在觅食。

接着打交道的是机场外的出租车司机，站在黄色出租车旁，打着响指召唤游客的注意力，吐出坑人的车价，还兼带着说：再不走，呆会机场就关门了。

一些人乘坐着黄色出租车扬长而去，一些人背着包越过废土园子去坐公交车，我跟着他们后面，走入加尔各答热闹非凡、混乱有趣的清晨。

一些印度人士常常感叹：“我们就像个动物园，也许该收门票了。” 印度因为贫穷，反而成为一种风景，算不算悲哀不是类似我这样的游客所能判断的，可又不得不承认每一天每一个城市的角落都隐藏有风景，无论这风景是什么样的。如果我说，我爱印度，一定是出于印度人对人生各种不同意义的阐述，或对色彩和建筑的迷恋。

被种姓制度绑架的印度人

印度有很严格的等级种姓制度，每个人从出生时便被烙上了阶层痕迹。

尽管印度政府极力呼吁废除种姓制度，允许不同种姓进入政府部门，但仍能从人们的姓氏中看出其高贵的家族史或低贱的种姓地位。

印度种姓制度将人分为四个不同等级：婆罗门、刹帝利、吠舍和首陀罗。婆罗门即僧侣，为第一种姓，地位最高，从事文化教育和祭祀；刹帝利即武士、王公、贵族等，为第二种姓，从事行政管理和打仗；吠舍即商人，为第三种姓，从事商业贸易；首陀罗即农民，为第四种姓，地位最低，从事农业和各种体力及手工业劳动等。三千多年的种姓发展，不同等级的种姓又派生了很多等级，甚至还有被排除在四大种姓之外的“贱民”，也是在城市或农村最常能见到的普通人，从事苦力、农活的杂事。

一条铁链锁住了一副家当，在等级制度森严的印度，车夫的孩子还是车夫。所以，快要散架的单薄的板车说不定还要传给下一代——因此无论走到哪儿，男人都不放心板车，担心睡着时车会被偷走。

污涂四壁的陋巷

只有在印度，才能深刻体验到人与人之间那么不同。外国人，无论来自哪个国家，都可以享受尊敬和重视，火车站还有专为外国人开放的售票窗口；警察或银行职员也会礼遇有加。以肤色、穿着和种姓眼光审视本国人，印度人习惯了。这怪谁？只能怪自己没有生到一个好的种姓，他们不会去追究“凭什么是我做最轻贱的工作”，而是就那么顺应种姓命运的安排。你会发现，车夫的儿子仍是车夫，鞋匠的儿子也是鞋匠，瓦匠的儿子还是瓦匠……还有大量流落街头蓬头垢面衣着破烂的人几乎被视作隐形。

我有蛮多感慨。在加尔各答问路时遇见西装格履的年轻男孩，肤色黝黑，大学毕业后从家乡到加尔各答工作，我仔细观察他的谈吐举止，发现他颇有教养，从事的却只是很普通的文职工作。男孩说，他很想到中国工作，因为在印度他顶多只有做文职。也许，只有离开印度这个充满明或暗的种姓制度国家，才有机会洗白人生。

这种等级制度，没有让我感觉不舒适，因为与我无关，但每一天旅行所经历的故事却总有意无意地提醒等级的存在。

健身会所、游泳馆或各种会所都是会员制，等级差就算有钱也进不去。有身份的人一定有房有车，再穷也请有佣人和司机。倒茶水的工人一定只是倒茶水，不会递文件，如果越位就肯定招来白眼训斥。寺庙门口看鞋的人只是看鞋，眼睛会一动不动紧盯着哪双脚是哪双鞋的主人，弄错就是失职失误。扛重物的劳工只是扛重物，如果要求他帮忙扔垃圾，会是略带污辱的举动，因为那是更低等级的人做的事。

明白这些，自然多几份体谅。也更明白那些一家好几口人一起流浪、在路边洗澡换衣的孩子、河边等死的人……他们的眼神何以如此坦然。

没有绝望，因为不曾希望

我得承认我有多么失望，整座城市就像是即将死去的老人般，连挣扎的力量都快消失了。

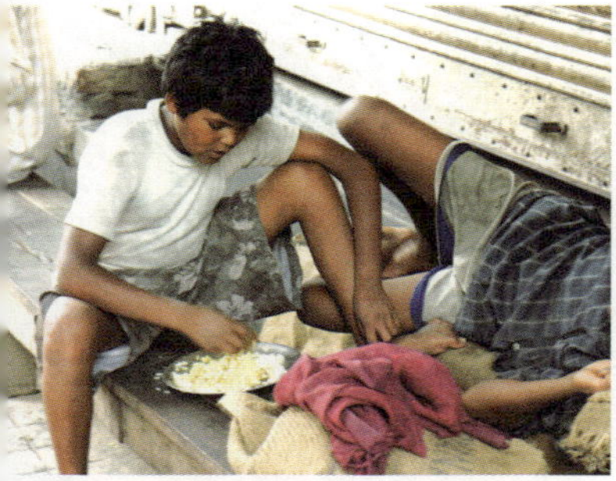

混乱的街道垃圾成堆，苍蝇无孔不入，空气中总飘有牛粪的怪味。对于街头美食偶尔随兴为之，买了街头小贩的食物，吃后必定是一场或几场痛快的腹泻伴随。我算是扔掉一切有关吃货的标签，乖乖走进干净明亮的餐馆，不得不吃些不是当地产的食物。

这座城市用她独有的方式在燃烧我。

英国人离开后，带走了一切可以带走的东西，只留下一副城市的空壳。人们欢喜地住进原本只有高贵的英国人才能住的建筑，却又无法充盈和维护建筑的生命力，而管理和建设这座城市也是当局者头痛的问题，哗啦一下一座几百万人口的城市失去了秩序，谁都可以来，谁也可以走。

没有人对这座城市绝望过，绝望是曾希望的人才有的资格，大多人毫无感觉地生活着。我试图去理解为何那么多流浪的男人女人老人孩子，种姓和顺从绑架了他们，且世世代代都是如此。

那加尔各答真正的历史在哪里？这是座有两千多年文化的古城啊！

女作家郭良蕙曾根据自己在加尔各答停留近半个月的经历撰写了小说《加尔各答的陌生客》，另一位女作家尤今在去印度后，对郭良蕙书中关于加尔和答的描写表现出强烈的赞同。两位女作家无独有偶有同感，也引起我极大的认同。

郭良蕙笔下的加尔各答“杂乱无章、肮脏无比、充满欺诈与贿赂风气，总之加尔各答一无是处”。确实，加尔各答有骇人听闻的混乱，但事物皆有两面，加尔各答也自有其可爱的一面。

手拿黑雨伞，身着浅灰夹克的中等个头男人，可以放下正要去办的急事，为陌生客引路，带我去闹市中难找的办事处，帮我拿需要填的表格，替我打听具体的办事窗口，耐心地问我下一步打算怎么办。我只是随意地问出是否必须将美元兑换成印度卢比，他佯装告辞，去500米或更远的地方去打听银行营业时间，再回来告诉我，为了不让我迷路还画下详细地图……突如其来的友善与热情使我受宠若惊，心存感激。

在繁忙得毫无空隙的马路边，等了近十分钟也没有勇气与车争路。身穿警服的警察出现了，问我需要什么帮忙，想去哪里。他展开一只手，拦下一辆公交车，确定公交车并不到达我想去的地方又挥手让司机快走，别堵着本就繁忙的马路。问了大概三四辆公交车，总算找到合适的那辆，他拦停所有正急速前进的车，为我辟开一条安全小道，喝令司机停稳公交车后才让我上车，当我挥手对他说再见时，他已卷入车流继续管理混乱的交通了。

我是加尔各答的陌生客，身处加尔各答的日子里，切身体会了郭良蕙女士笔下的加尔各答，但更有幸感受到加尔各答的另一面——可爱、善良而淳朴。

随处可见的乞丐、骗子和流离失所的孩子。

泰戈尔故居仍是文学青年狂热追逐的地方，渲染红色的建筑洋溢出诗歌的热情，也透着日渐破败和诗意不再的失落。

泰戈尔的田园牧歌

印度人的骄傲和自满在加尔各答可以得到完整体现。岁月无痕，泰戈尔笔下田园牧歌般城市早已面目全非。

英国殖民时期英国人把所有思乡情绪都化为建筑的力量，将日不落帝国最有情调的生活都引进这座城市。融合文艺复兴时期和伊斯兰教建筑风格的维多利亚纪念馆，被称作是伦敦海德公园翻版之作的梅德公园（Maiden Park），以及辉煌的哥特式圣保罗大教堂（St.Paul's Cathedral）。中产家庭的孩子们从小就学会喝英式下午茶、骑马和玩板球。若不是偶尔几只牛或几只乌鸦令人讨厌地出现在画面中，这就是一派悠闲自乐的伦敦公园里的光阴。

曾获诺贝尔文学奖的印度作家奈保尔（V.S. Naipaul）用深爱故乡的语调形容加尔各答：“暮色时分走进市中心，会以为闯入了伦敦城，那座烟雾弥漫、草木茏葱的梅德公园似曾相识，俨然英国海德公园的翻版再现；城市中心的胡格利河，不就是一条更加宽阔而混浊的泰晤士河吗？”

泰戈尔，这位印度最伟大的诗人，是第一位获得诺贝尔文学奖的亚洲人。1861年出生于加尔各答一个既富裕又充满文学艺术气息的家庭，13岁即能创作长诗和颂歌体诗集。1878年赴英国留学，1880年回国专门从事文学活动，并创办国际大学。1913年获得诺贝尔文学奖。1941年写作控诉英国殖民统治和相信祖国必将获得独立解放的著名遗言《文明的危机》。泰戈尔一生出版有五十多部诗集，其中最著名的是《吉檀迦利》和《飞鸟集》。

加尔各答于诗人而言，是充满儿时记忆的故乡，虽然一出生故乡早已沦为英国殖民地，但在他的笔下却充满浪漫诗意、自然狂热的诗句。走进已是旅游景点的泰戈尔故居，典型的英式建筑，巨大的庭院有各种被裁剪得规整肃穆的植物，三层楼高的建筑盛放了诗人幸福快乐的童年，走过长长的走廊，仿佛能看见穿着白色印度长袍的孩子欢快地在各个房间跑进跑出，嘴里叫嚷着刚从书里读到的豪爽好词。

如果说一座人一座城，那么泰戈尔拉宽了加尔各答的文明。虽然一生写了数不清的情诗歌颂爱情，但他却赶上了“女友嫁人了，新郎不是我”的事。适婚年龄时期，又被迫在家人压力下娶了个年仅10岁的婆罗门新娘，从此将爱深埋心间，化作惊世骇俗的诗句，传流于岁月。

青少年时期的泰戈尔爱极了自己的故乡，一直到18岁远赴英国留学才离开生他养他的城市，也是在这一年邂逅了致命的爱情。为了准备去英国留学，父母将他送去孟买一户人家学习英语。那户人家的女儿安娜从小在英国长大，自然成为泰戈尔的英语老师。两人年纪相仿，性情相投，很快迸发出爱情，彼此深深相爱并私定终身，泰戈尔也为安娜写下了大量动人的爱情诗篇。尽管两情相悦，泰戈尔与安娜的恋情也很私密，但在拥有严格等级制度的印度社会，爱情卑微到令人可笑，人们只关心门第和等级。泰戈尔去英国留学，安娜被迫嫁给比自己大20岁的男人。

从英国留学归来后，泰戈尔没有勇气再去追逐爱情，而是屈于父母的压力走进婚姻，即便后来在诗界名声大噪，但低等婆罗门种姓地位的泰戈尔联姻的结果是一户普通人家仅10岁的女孩。泰戈尔默许了这门婚事，并在20年的婚姻中陆续生育了五个孩子。在泰戈尔的回忆录中，他没有提这段婚姻，也不描写妻子。也许，他的爱注定在18岁那个夏天燃尽，然后用一生的时间去品味。

泰戈尔与中国也有不解之缘。1924年应梁启超、蔡元培之邀，泰戈尔率团访华讲学，引得一时风头无两。徐志摩担任随行翻译，胡适主持欢迎活动。1929年泰戈尔再次访华拜访徐志摩、林徽因等人，连交际花陆小曼也想在报纸上与泰戈尔一同露脸。泰戈尔很爱中国，在日军侵华时期义愤填膺地写了声讨日本的诗作《射向中国的武力之箭》；并组织社会各界捐资捐物送至中国。1957年，周恩来总理访问印度时饱含深情地说：“中国人民永远不能忘记泰戈尔对我们的热爱。中国人民也不能忘记泰戈尔对我们的艰苦的民族独立斗争所给予的支持。”

透过一位作家看城市，加尔各答显然行不通。尽管外表典雅繁华，然而处处是没人清理的垃圾场，满天飞的乌鸦不是生态优良，而是吃食太过方便；甚至还有依靠垃圾场生活的一大群人，每逢新垃圾被运过来或扔过来时就挤作一团围扑上去，各自拼抢……但这确实不影响加尔各答是座充满混乱肮脏气息的英伦风格城市。

在泰戈尔笔下，
加尔各答充满旖旎的田园风光，
是人们向往的世外桃园。

摘录泰戈尔的诗：

我的心是旷野的鸟，在你的眼睛里找到了它的天空。

使生如夏花之绚烂，死如秋叶之静美。

这寡独的黄昏，幕着雾与雨，我在我的心的孤寂里，感觉到它的叹息。

也许只是跟踪

在街上常有人来搭讪，
有的人会礼貌地问："小姐，我可以和你说两句吗？"
但也有只是默默跟随的人，谁也不知道为什么……

另一天，另条街，另两个孩子，结伴跟行。看似漫不经心，又像刻意而为，只是好奇吗？

有的人会问你来自哪里，去哪里？还有人会问你是否结婚了，为什么一个人旅行。也有人默默跟踪，1小时、两小时或更长时间。

跟踪我的是看起来只有十五六岁的两个男孩。边走边拍时，我总感觉镜头里有眼熟的身影，偶尔停下回头时，他们也会停下低头四顾。我故意时停时走，发现对方也保持同样节奏。

我只好将摄影包背在胸前，确定小偷从身后讨不到什么便宜时才又继续边走边拍。

拐过很多街角，进了不少小店，男孩总是跟在身后，即使不会跟进店里也会默默坐在店门口，看见我起身离开才从地上爬起来，顾不上拍掉身上的灰继续跟踪。

我不明白为什么男孩一直尾随我，却不见他有什么动作，比如撞我一下趁机偷东西，或追上前来问话聊天，他的沉默跟踪引起我的兴趣。

走过街角时，我决定"反攻"，突然往回走与其撞个正着。对方显然受惊了，哆嗦地往回跳，转身便跑掉了。原来以为会就此消失，没想到在下个街口又在镜头里看见熟悉的身影，躲在石柱或人后，用好奇又忧郁的眼睛寻找我。

男孩似乎更敏感了，见我停下来有转身寻他的迹象便跑开，隔一段时间又会出现在身后。记不清他到底跟了有多久，直到我累了，忍不住找了辆三轮车彻底离开那个街区。

第二天我返回那个街区，试图找到男孩得到答案。有个男子满怀奇怪的眼神靠近我，却又扮作轻松模样和我说话，听说我要去一家博物馆，说要陪同前去，还不停地问我的个人情况。女人的直觉告诉我有点不对劲。谢绝对方后迅速走开，拐过街角时发现那个男人仍然跟在后面。幸好当时有辆出租车停在路边，来不及多想我躲进了车里。

时至今日我也不明白那个男孩怀着怎样的目的乐此不疲地跟着我，但我宁可相信那只是跟踪，只是与好奇有关的行为。

在印度，对它的贫穷感到愤怒是没有用处的；在你之前，多少初履斯土的外国人像你一样，看到了印度的贫穷，说出像你一样震惊不安的话，却无力让这个我行我素的国家改变一丝一毫。

施舍与被施舍

施舍与被施舍在加尔各答永远不是矛盾的话题。

在别的地方也见过乞丐，柬埔寨的乞丐最让人同情和尊重，而加尔各答的乞丐喜欢扎堆，不适应的人很容易产生恐惧情绪。

在餐厅里用过早餐，打算徒步游览城市，旅馆街区的多个出口都开有店铺，看起来人潮涌动，不适合安静地欣赏风景。我选了个看起来很普通的街道，一边有教堂，另一边是街区市场的后墙，几乎没有行人出现在这条路上。

我拿出照相机，想拍下清晨安静的城市，但又总觉得哪里不对劲，原来街道两边的人行道竟睡满了人，男女老少也许超过一百人。一个女人正露出乳房给婴儿喂奶，婴儿看来生病了，眼皮一动不动，苍蝇爬在脸上也毫无知觉。女人旁边还有两个孩子，躺在地上，身上没有任何遮盖物。我的眼泪就像断了线的风筝不听使唤，我也是母亲，明白身为母亲不能照顾好孩子的那份难过。我不知道该说些什么，从口袋里掏出些零角碎子，然后——看到我给钱的动作，很多孩子起身了，他们边伸出手边走向我，老人们看着我，女人们也看着我，我感觉地上的人似乎都在动身向我围过来，至少是大范围群体性的移动。

眼前的场面看来有点失控，而我缺乏应对如此场面的经验，只好急走进路边空寂的教堂，躲在旁边看他们在教堂铁栅栏外渐渐散去。

或许在印度，面对乞丐应当更冷漠一些，无论是在火车站、汽车站或洋人区，一旦给出1卢比就会围上很多人伸手要钱，即便是换上1000卢比也不够施舍——因为乞丐太多，也因为他们会反复要。

后来几天，我再也没路过那条街。而在另一条街，看见一对把头发束成朋克小辫的老外和乞丐坐在一起做游戏，买东西给他们吃，俨然亲密朋友，他毫无介蒂地抱着女人的孩子们，给他们梳头、洗澡。我想，也许这才是真正的施舍。

你的凝视侵犯了他们的隐私，你的义愤和不平会惹恼他们，剥夺了他生为人所应该享有的生活权利。

——V. S. 奈保尔

特蕾莎修女，一个乌托邦式的真实故事

一位被安顿后的老人临死前拉着特蕾莎修女的手，低声用孟加拉语说："我一生活得像条狗，而我现在死得像个人，谢谢了。"

一位来自欧洲的修女，将一生奉献给印度，解除贫困。这是另一个乌托邦式的真实故事。

特蕾莎修女（Mother Teresa），1910年～1997年，长年在印度加尔各答为穷人服务，其一生奉献给解除贫困，在1979年获得诺贝尔和平奖。

特蕾莎修女没有坎坷的一生，她出生在东欧，生长在富裕的中产家庭，父亲是成功的商人，全家信仰天主教。自从12岁加入当地天主教的儿童慈善会，仿佛冥冥之中受到感召，坚定了一生都要帮助贫困人们的愿望。21岁时她完成了传教士的课程，来到加尔各答的教会中学任职；27岁更坚定地成为终身修女。特蕾莎修女身处加尔各答，被当时那里触目惊心的贫富差距所震撼，强烈感到要为穷人服务。36岁时，她要求离开教会学校，但却未得到许可。

当时的加尔各答涌入大量难民，印度正发生历史变革，印度教徒和穆斯林教徒发生大规模冲突，有60万人死亡，1400万难民迁徙。大量难民带来了麻风病、霍乱，教会学校的高墙仿佛人间与地狱的界限，墙外生灵涂炭，墙内一切仍那么井然有序。

38岁时，罗马教皇终于批准特蕾莎修女以自由修女的身份行善，提供了住所让她帮助穷人，坚韧的她马上去接受医疗训练，终在40岁与其他12位修女成立了博济会，并将教会服装改为印度传统女性服饰，白布镶上朴素的蓝边，象征了纯洁善良与博大。一位被安顿后的老人临死前拉着德蕾莎修女的手，低声用孟加拉语说："我一生活得像条狗，而我现在死得像个人，谢谢了。"

特蕾莎修女认为，人类的不幸并不存在于贫困、生病或饥饿，真正的不幸是当人们生病或贫困时没有人伸出援手，即使死去，临终前也应有个归宿，向垂死者传达爱。42岁时的她成立了垂死之家，后来又陆续成立了儿童之家、青少年启智中心、老人慢性病中心、女精神病患之家和麻风症患之家。

从上世纪60年代开始，博济会开始招募世界各地的义工，提供力所能及的服务。

去垂死之家做过义工的李家同教授曾撰文，特蕾莎修女非常坚持的一个理念就是救援的人和被救援的人间的差距要非常小，她认为穷人一直都活得没有尊严，自己先做穷人，使我们跟穷人之间的关系会变得很好，就如同当我们安慰病人时不应该说自己多强壮，在教智商较差的人时不能说自己学习能力多强一样。如果我们帮助别人时带着一种施舍、布施的心情，这是不好的，应该尽量缩短我们和被我们帮助的人的距离。

1983年特蕾莎修女第一次心脏病发作，1991年得了肺炎，1997年的摔伤和心脏移植手术让她的健康每况愈下，同年9月逝世，享年87岁。印度为她举行了隆重的国葬。

这是加尔各答儿童之家的墙上文字：

人们不讲道理、思想谬误、以自我为中心
不管怎样，总是爱他们
如果你做善事，人们说你自私自利、别有用心
不管怎样，总是要做善事
如果你成功以后，身边尽是假的朋友和真的敌人
不管怎样，总是要成功
你所做的善事明天就被遗忘
不管怎样，总是要做善事/诚实与坦率使你易受攻击
不管怎样，总是要诚实与坦率
你耗费数年所建设的可能毁于一旦
不管怎样，总是要建设
人们需要帮助，如果你帮助他们，却可能遭到攻击
不管怎样，总是要帮助
将你所拥有最好的东西献给世界，你可能会受伤害
不管怎样，总是要将你所拥有最好的东西献给世界。

特蕾莎修女简朴的生活不只是示范，更是一种态度，透过她使我们看见世界的美好。

令加尔各答人骄傲的胡格利大桥，桥下的河流与土地，承载着这一城的人由生到死的使命。

胡格利河边的今生来世

在加尔各答或印度，无论向什么人问什么，都可以得到五花八门的答案。

比如问博物馆在哪里。街头小贩回答大约就在附近5公里范围内；三轮车夫回答博物馆今天不开门；出租车司机回答博物馆早就倒闭了；踢球的小孩回答没有博物馆；警察回答博物馆向前走，转右，转左再转右转左……如果再问下去，还会有很多花样百出的答案。据说有人站在火车站旁问火车站在哪里，回答的人说火车停运了；站在旅馆门前，引路的人也许会回答，旅馆早已关门不做生意了。

生意人出于利益的需要会编出令人捧腹的理由阻止你去原定计划的目的地，街边人则不知为什么会有那么多答案，也许是真不知道，也许是不懂装懂，也许只为有趣好玩。无论得到哪种答案，都务必亲力亲为去确定。

Eden Garden是一座充满热带风情的城市花园，开满繁花青草。沿着热闹非凡的体育场一路找去，三番五次问路都不得而终，球场上玩曲棍球的年青男孩们吹起口哨，还有男孩跳起来大喊“我爱你”，别以为有什么了不起，他们就是这样，是外国女人就会起哄，街头摩托仔、球场打曲棍球的少年都会抛出热吻。如果自己太认真当回事，倒真成笑话了。

终于在十字路口看到正在执守的警察，从浓重的印度英语总算听明白大概怎么走。谢过警察，一个身着夹克、头戴头盔的中年男子停下摩托车问我去哪里，并且告诉我Eden Garden今天关门。我笑笑，暗想如此小把戏早已领教过。中年男子并不死心，仍跟在身后。

果然，Eden Garden周日关门，他并没有玩小把戏骗人。因而我认识了名叫亚汗的热心路人。

我没有问亚汗的职业，倒是他问了我很多问题，职业、收入和国籍。当听说我来自中国时，掩饰不住惊讶的表情，不住地赞叹说，中国今非夕比，令人羡慕。

我问过亚汗去胡格利河(Hooghly)的路，便打算向他告别。旅行中我是匆匆而行的过客，太多人太多事不用记得也不必记得。我想亚汗和我都会很快忘记对方。

胡格利河是印度圣河恒河的支流，因而既是加尔各答人心目中的圣河，也是城市的生命河流。人们每天到河边淋浴祈祷，或等待生命灰飞烟灭时可以幸运地顺流而去。

亚汗并不急着告别，带我去河边远眺胡格利河上的大桥，那是他引以为傲的大桥。

印度因为贫穷，反而成为一种风景，算不算悲哀不是类似我这样的游客所能判断的，可又不得不承认每一天每一个城市的角落都隐藏有风景，无论这风景是什么样的。

我靠近河边顺着亚汗指点的方向看桥，河边有一些人在围观，我有爱凑热闹的天性，免不了凑上去看两眼。可当我探出头去，看见的竟是一具在水里已泡得皮肤开裂、发肿发胀的尸体，围观的人们大约是在商量怎么处理无名尸体。死尸的画面仿佛挑动了我的某根神经，我并不惧怕死亡，却不愿意面对死亡。我不由自主后退两步倒吸一口气，空气入嘴有百般滋味。亚汗碰碰我，提醒我注意脚后。我回头一看，脚边正有一具“尸体”，无数苍蝇爬在上面，肮脏的画面令人忍不住掩住口鼻。突然，“尸体”的眼皮抬了两下，看了看我，又闭上眼继续保持原样。时至今日，我仍找不到合适的语言描述当时的惊愕，但的确被狠狠地吓了一跳。

印度人将河流当作圣河，可以洗涤今生来世，有钱人可以在死后举行庄重的火葬仪式，穷人只能在火葬台等死或在河边等死，更有甚者在垃圾堆边等死。一旦死后便会有做善事的人来处理他们的尸体。所以，在河边常能碰见貌似尸体实则等死的人，看着看着也就习惯了。到后来我竟练得看过恒河上漂着无头女婴也能安然去吃早餐；背着大包在深夜也能跨过横在巷路中半死的路人。

河边同时也是公交车站，亚汗送我上车，我们挥手道别，我很感谢亚汗为我打开了一幅加尔各答生动的众生图。

搭公交，最惊险的闯关游戏

机场外的公交车站。我背着大包站在路边是很“招蜂引蝶”的行为，不断引来关切的问候，总有人来问你来自哪里，打算去哪里，指着公交车说No，还要再等等，他们也不确定究竟哪辆车到我要去的目的地。

在印度，搭公交车就是再生动、惊险不过的闯关游戏。车还未到站，售票员就开始用力拍打着车身的铁皮壳，以发出巨大声音提醒等车的人；车未停稳，乘客已开始上下车，看来似乎不用完全停稳就可以完成上下客的程序，如果有追在车尾赶车的人只需加把劲奔跑几步，也准能抓住车门外的扶手，轻身一跳跳上车。

从小习惯了过马路先看左再看右，印度的车是右方向盘，所有车从右面毫无秩序风驰电掣而来，我多次被司机狂按喇叭警告。

面对这种场面，我瞠目结舌、面容失色。我的背包和

到站停稳上下车？别做梦了！这里可是印度。小心挨一棍子！

摄影包加起来有28公斤，走路尚算OK，跑步就很勉强。故事的结局是，公交车停稳时我很从容地上车了，但还未站稳便被司机的猛刹摔到了车尾。也算是愉快的结果吧。

有了经验再搭公交车就知道眼睛盯着车的方向，猛然纵身一跳，肯定会有双手拉住你；座位都是同性相坐，就算我旁边空有座位，也不会有男性贸然坐下。一些车厢里播放的电影大多看不懂，就随便跟着别人笑吧。

致广大热爱公交车旅行的同学，印度的公交车售票员就像警察一样，手里可是拿家伙的——木棍。木棍的粗细长短各不相同，都是用来监管不听话的孩子。

最重要的奉劝，穿得太少就别去凑热闹挤公交了，咸猪手当然处处都有，虽然不是所有人都能遇上，但在这样混乱的情境下，小心一点总是不会错的。

什么是不听话的孩子？

A. 公交车出现在两百米范围内，居然还原地不动，妄想等车停稳慢悠悠上车的孩子。

B. 下一站就要下车，却还傻傻贪恋破旧公交车，不挤着去车门等候下车的孩子。

C. 好不容易上了车，挤在车门边影响司机多载几个乘客的孩子。

D. 某些男同学看见空位就眼神发亮，也不管邻座坐有纯洁的印度女性，这种制造不平静气氛的孩子，必要被抽了。

维多利亚时期的各种建筑在加尔各答如繁花盛开，会误以为正在逛英国伦敦破败版公园。英国人离开了，洒脱地扔掉了大兴土木建造的翻版建筑，给印度人留下一个破败的躯壳。

英国人离开了，留下了英伦范儿

拥有建筑的城市才有生命，建筑又被贴上各种标准，把城市撕裂成一片又一片。

加尔各答的生命力源自两千多年前，但直到1690年才真正被英国人发掘。当时的印度如巨大的贸易市场，欧洲人将鸦片输入中国，将中国名贵的丝绸和瓷器带回欧洲，加尔各答就成为这些物品的中转地，才有了胡格利河滚流着强大的工业气息。

为了加强加尔各答的城市功能，一百多年前英国人沿着胡格利河两岸建造出壮观盛大的各种公共建筑，加尔各答也在众多早期游历的作家笔下被描绘成“宫殿之城”。

建筑标榜了城市，也划分了城市。河岸两边的殖民区散发着来自英国的优雅温情，也是英国人的居住地；印度人则住在黑镇棚户区，沿着铁路搭建各种瓦棚建筑，脏乱无序蚊蝇漫天。出于对建筑肤浅的热爱，用手捂住看得见贫困的眼睛，我试图多看看印度大陆土地上也曾绽放过的石头语言。

加尔各答的老城在北区和中区，哥特式建筑、罗曼式建筑、巴洛克建筑以及莫卧儿王朝时期建筑汇集在此，无论是几百年前还是现在走进这些地方，建筑之间洋溢出的氛围会让人想要了解加尔各答的过往逸事，如果可以拿出来书写，贫富地位阶级政治争夺独立血腥，每个词都有一部史诗小说题材，抹掉暗黑元素，我们眼下看的是建筑。

英国人统治期间，为造一座近在咫尺的家园，几乎翻版了所有伦敦著名建筑。我们会在绿得发亮的梅德公园旁看到维多利亚纪念馆。梅德公园早先用作英国人的赛马场，英国人出现的地方，印度人退避三舍，维多利亚纪念馆更是孩子们眼中的神殿，建得如此亮白如雪、精致华贵，他们却只能在铁栅栏之外远远观看。独立后的印度，人们也拿出当初英国人那套享受草坪的做派，以梅德公园骑马游乐，摊席野炊。另一些该时期的建筑大多用作公共建筑，加尔各答高等法院，英国殖民时期的行政城堡——威廉堡，梅德公园东边的乔林基街更是欧式风情浓厚，尽管大多建筑破旧坏败，但窗棂门楣仍是一派维多利亚时期的风范。

如果正逢周末去梅德公园，会发现加尔各答热衷于运动的程度简直已达白热化，每个男孩都在玩板球，男人们则牵出平时养在马厩里的白毛骏马四处溜达。一家子出行的，女人忙着张罗野餐，男人半躺在地上阅读那张已展开的报纸或厚厚的英文小说。

整条街区仍保留有轨火车穿行其间，回过头去，葱郁成林间偶冒出尖的白色穹形建筑，就是一块地标招牌，显示这里的英国步调。拐过马路，马蹄声声作响——没有穿越时空重回19世纪，而是老式马车仍由马夫赶着，座椅高高在上，马铃叮当地响，BBC剧看多了会特别有亲切感。我能想象出影片中的英国乡村，简·爱坐在马车上，回过头看着罗切斯特，马车驶入浓浓夜色，黑暗中只听得见铁蹄和马鞭交汇出急促的心。

透过城市看到人，透过建筑也看到人。英国人离开了，留下了英国范儿。晴天也常能见到带伞出门的人，神态俨然，衣装清爽，他们会流利的英腔英语，天生就很有耐心纠正非英腔的口语发音，言语傲慢，举止又彬彬有礼，说不上特别讨厌，也仍会让人觉得在卖弄。这些人大多受过良好教育，祖辈开始就为英国人工作，家庭也算中层以上，若按阶级种族论，未必沾得上边，但也算是时代产生的新生阶层，因而一旦有机会表现自己的优越感就不会放过，处处表现自己所受的良好教育，走路仰头挺胸谈吐得当体面，读报喝下午茶，热爱马术和板球，一生如此。

走进桥下花市，空气中自然有种说不出的芬芳，当然还离不了随时随处闻得见的牛粪气息。这就像人生，偶尔春风得意偶尔满身狼狈，习以为常就好。

靠近神，起步的路在这里

很难想象这座城市挤下1500万人口，苍凉芬芳的一生写满陈旧的月色。

我怀着无法抑制的好奇心，想要翻读城市的另一面，他们怎么生活，平民，不是贫民，他们在哪里。

穿越人嘲喧嚣、交通混乱不堪的加尔各答，多听几次可爱的人说说这里关闭那里搬家之后，我还是找到了Howrah桥下的花市。这是座天不亮就开闹的花市，本地人提起它，摇摇头捂捂鼻，不干净不安静，都没法走路；游客提起它，一片欢喜。朝气蓬勃的加尔各答从这里开始每一天，灿烂了城市迷茫的色彩。

走进花市，就是走近人海和花海，浓密的花雾里穿梭着头顶大物件的男人女人，手拎坤包的家庭妇女，提着木桶兜售奶茶的小贩，将近1公里的花市那么漫长又如此短暂，走着走着就到了胡格利河，河面上漂满花瓣，人们在此晨昏祈祷，循故袭常。

人群中有人叫出我的名字，亚汗像从穿越门突然出现似的站在路边向我招手。看来他像等了很久，又像刚喝完奶茶，也不管我是不是愿意和他同行，他在前面开路穿过摊区，指着路边各种颜色的花，解释名字和用途；遇到泥泞不堪的路会叫我注意脚下，苍蝇黄牛在前时会挥手驱赶……不知道亚汗在企图什么，完全没有想到会在城市另一边再碰到，我们只是在交谈中提到也许将要去的地方，他却精算准确地等到我的出现。为一点导游小费？但我们并没有正式交谈过请向导的话。追求异国女性为乐？低头自望，似乎比起性情活泼的欧美女性有天壤之别。到底意欲何为，我怀着一半疑惑一半戒备，和亚汗保持距离同行着。

到印度前阅读过大量别人的旅行笔记，一些人被描述得贪便宜、唯利是图、爱撒谎，虽不至于人云亦云，但确实遭遇过站在博物馆前被告知博物馆关闭了，站在银行门前被告知银行倒闭了……对方说起来认真得不像开玩笑，没有“预防针”轻信之后就不知后果了，所以当亚汗在一次偶遇后，又刻意相迎让我不得不放弃君子风度，以小人之心揣测亚汗的企图。

花市的清晨陈旧又美好，习惯各种镜头的人们照常生活，偶尔抬眼看见照相机，也会摆出造型逢迎，浓重色彩的印度服饰遇上艳丽旖旎的丛花，混搭出不矛盾的适宜，每一张照片中，一片复杂色块中只有人的肤色和大地泥色最显稳重。就像生活，一生风情不断流动，不变的人在其中。

我知道自己又想多了，迂腐啰嗦还沉闷，喜欢问多一个为什么。花市为什么如此悠久热闹恒远，为什么建在胡格利河旁边。我问亚汗，亚汗指着路边茶铺问我要不要坐下喝杯奶茶。看来是有故事要听，那就喝奶茶，听故事吧。

印度奶茶是当地最普通的饮料，煮茶、放牛奶，便是极为容易出品的奶茶；更讲究些，加肉桂、茴香、丁香，茶香馥郁味道独特。茶也分品，路边茶档只是普通货色，上等品当属大吉岭产红茶，用煤油炉加小铝锅煮上一会，将牛奶倒入锅中煮沸后加入红茶。印度人说英国下午茶源于此，斯里兰卡人也如是说，两国人抢着英国下午茶的出处，让我实在不忍拿龙井、普洱、铁观音、乌龙去打击奶茶，我国的茶文化早有上千年历史，茶事更充满诗情画意，杜甫写过“落日平台上，春风啜茗时”，谢宗吟过“夜扫寒英煮绿尘，松风入鼎更清新”……要知道古人喝茶，用初雪化的水，用上等瓷烧制的杯子小口饮啜，鸣翠画面如在眼前，樱花烂漫随风起舞。

对不起，经常炫耀我的国家，总拿自己的长处比人家的长处，还非要比出点画面感。五千年的中华文化不是吃干饭，多少有叫人赞不绝口的风雅，何必喝个奶茶就跳得半高，仿佛找到与众不同，终于有机会证明自己存在的价值?

亚汗和我走进茶铺，讲起加尔各答的过往旧事。尽管在印度被证明有人类出现的时间在两千多年前，但真正被书写的历史是在被殖民的300年间。莫卧儿王朝在最后统治时期也没能将加尔各答建得怎样繁华，留下的寺庙艰难见证加尔各答的旧式文化。花市里几乎所有花的去处都是寺庙，若没有花市，这将是一座如所有正在死去的城市般，没有灵魂。

“我们想方设法想要靠近神，起步的路就在这里。”亚汗说完，也喝完杯里最后一口茶，“奶茶也是我们的灵魂，廉价得卑贱，人们却天天需要。你看我们身边，苍蝇爬在烂泥上，要不是喝几口奶茶，会觉得就和它们一样。”

亚汗真实的身份是中学老师，我们之所以再遇也是因为他想让更多人了解他的加尔各答。我想得太多，可答案出乎意料。他热爱家乡，也恨其不争，朴实无华的心情他一说我就明白了。

分别前我坚持给亚汗小费，他坚持拒绝了。我以为太多旅行会很容易忘记，但我却没有忘记身穿黄色夹克，手拿摩托头盔，骑着旧款英式摩托的亚汗老师，是他让我明白，即便是千疮百孔的家乡，也有值得深爱的理由。

嫁给我，只要你有丰厚的嫁妆

门当户对和媒妁之言仍是保守的印度主流婚嫁观。

你可以和印度男子或女子谈恋爱，但论及婚嫁就要看对方父母的眼色了。男女结婚的过程是先由媒人说亲，交换男女双方的相片、卜卦，安排双方见面，如双方满意，再谈嫁妆彩礼和婚礼费用等细节，最后由婆罗门祭司选择吉日成婚。

稍等稍等，看起来好传统的婚礼，可对女方而言却是巨大而沉重的负担。按印度习俗，女儿出嫁父母必须准备好丰厚的嫁妆，嫁妆多少取决于男方的家庭和社会地位，若男方社会地位越高，身价也越高，甚至女方执意要嫁令男方“水涨船高”，极有可能面临代为抚养对方兄弟姐妹之类的附加条件。

在比哈尔邦地区，由于男方结婚时索要嫁妆越来越高，穷困的父母眼看女儿嫁不出去，只能铤而走险，雇用黑社会打手，将一些资质优秀的单身男人绑架后，用棍棒威逼利诱将女儿嫁给对方。一旦被迫举行了印度婚礼，婚姻即被视作合法。另一方面，如果新娘无法满足男方提出的嫁妆要求，很易受到男方家庭成员的虐待，甚至可能在新婚之夜就被活活烧死。为了避免这种事情的过多发生，印度制定了相关法律规定，新娘如果在7年之内被火烧死，将被视为非自然死亡，她们的丈夫和公婆等将被控以谋杀罪。

但在印度南方一些曾被殖民过的城市，人们普遍信仰基督教或天主教，婚姻的自由程度相对宽松不少，婚礼也变得西式，但仍讲究高额嫁妆和门当户对。

所以在印度，当大街上的男子冲你高喊“嫁给我吧”时千万别沾沾自喜，这句话的言外之意是：姑娘，我不管你漂亮不漂亮，只要你有高额的嫁妆，我就会娶你。否则……

别相信宝莱坞电影中宣扬的浪漫爱情，电影本就是造梦工厂。在印度，婚姻是不自由的，陪嫁太差结婚第二天就可能被婆家人烧死。当看到这场陋巷的寒酸婚礼，豁然明白为什么只有媒婆开心了。

即使是铁窗，乘火车旅行对于孩子而言也是奇妙的经历，所以才有这样的笑脸。

火车旅行，离开或者到达

加尔各答在很多人眼中是座已经衰败的城市，也是我最初到达的印度城市，更是深深震撼到我的旅行开始地。坐过了公交车，又换火车。公交车深入的是每座城市角落的链条，火车则是了解这个国家怎么了的灵魂。

初到印度，眼前的一切显得既毫无头绪又格格不入。窝在沙发里，想了很多。

印度是拥有悠久历史的文明古国，拥有丰富多彩的人文和自然风景。或许在平时用“丰富多彩”这个词会显得很客套，但用来形容印度却非常具体和生动。脏、乱、差是特色，牛粪见缝插针般地到处存在，苍蝇就像轰炸机扔下的子弹密密麻麻，一些人骗来骗去已世界闻名，男人的自作多情也算世界首屈一指了；人们自由自在地想坐便坐，想睡便睡，想便就便，常在街边见到流浪人群以天为被，以地为床……一切显得如此夸张，仿佛失去这些，干净整洁的印度就无法吸引世界游客似的。

旅馆隔壁房间的两个韩国女孩，适应不了这种印度特色，三天就改签机票匆匆离开。我不是很挑剔的人，但实际上也有适应不了的时候，比如找不到合适干净的旅馆和餐馆，一些人总是别有用心地来接触，无处不在的乞丐让人有点吃不消，我担心某天不得不在某具死尸上走来走去。

在恰当的时候想一些合适的问题是旅行中养成的好习惯，这种习惯总能让我在关键时候作出正确的决定——如果放弃旅行，就订机票去尼泊尔或泰国。可如果真的放弃，就意味着我对这个国家的印象从此烙上偏见的标签。

犹豫的片刻，预订官已在呼叫我的号码。

坐在两位预订官的面前，听着他们的问话，我递出我的火车票预订单，买下那张决定旅行终于开始的单程火车票。

加尔各答已给我太多复杂的体验，我第一次如此真实面对自己的彷徨、惊恐和不安，也是第一次如此真实地直面生命与死亡……而受到旅行的牵引，我将深入这个国家，发现她的磅礴、包容和混乱。

在加尔各答火车站，我新买了一把锁头，加上从国内带来的已有三把锁头；试了试小贩出售的铁链，感觉还是从国内买来的那根狗链更好。再三地确认已经准备好火车旅行后，我卷入了人潮如织的站台，像准备打仗般地进入紧张状态。

预订火车票时已没有三等舱或二等舱，所以我选择了经济舱。经济舱只有风扇，每个位要容纳八个床位，其中六个面对面，类似国内火车的上、中、下铺，另两个在过道位置，也就是国内火车的边桌。车内的过道已很拥挤，上、中、下床位中的中位在白天必须折起来，好让下铺可以坐人，否则下铺高度太低，无法直身坐着。经济舱是可以随上随下的，每到一站会有人来检票，但检票显得很宽松，逃票是很容易的事，所以乘火车也是印度人到处流浪的主要交通工具，经济舱是他们唯一的选择。高峰时，连过道也会坐满人。

天气很热，车厢就像蒸笼，座位有限，人们挤着坐在一起，聊一些无关紧要的话题，而我又成为公众焦点，这是外国人难以逃脱的礼遇。

在众人皆知我来自中国而且是单身旅行后，话题似乎延伸了，政治、人文和天气，每个人都显得和气而有礼貌，奇怪的是谈话的都是男性，女人们蜷缩在一边只听不讲，即便是主动友好地打招呼，她们也显得羞涩不安。我猜大概在男人面前，印度女人已习惯于这么安静和顺从。

铁窗里的平民世界

坐着火车穿过孟加拉湾畔的东高止山脉，德干高原的风丝毫没有半点凉意。从加尔各答一路向南30小时后，我将到达印度旅行的第二站——清奈。

每列火车既有所谓的平民车厢“三等舱”，也有提供给高等阶层的头等舱。坐平民车厢的最大好处是接触真实的平民生活，最大的问题是要忍受脏乱不堪的车厢环境。

每节车厢的车窗都被焊上了铁条，最初以为是为安全着想，防止车内的人不慎跌出车厢，后来才听说是为了防止无穷尽的流浪汉们爬车。整节车厢充满了铁窗的味道，无论是眺望风景还是靠站时与车外人对话都需要透过那扇被热日烤得烫热的铁窗，尽管铁窗有煞风景和心情，但丝毫不影响当地人乘车的乐趣。

我的床位是顶铺，晚上倒还好，顶着三台顶部风扇，微热的凉风卷杂有车厢里泛起的灰尘，汗渍的气味也四处弥漫，如果蒙头大睡倒也好过，露头睡觉就比较考验人。但白天，顶铺根本无法呆人，因为车顶外烈日当空，温度足有50℃或更高，顶铺是最靠近车顶的位置，温度丝毫不逊于车顶。车厢内风扇卷起的阵阵热浪让人心烦意乱，可以坐人的地方都坐满了人，可以站的地方也挤着人，过道早已水泄不通，沉默是车内的通用语言。

但我并不后悔花很少钱买的平民舱位，尽管抱怨仍非常开心能近距离与当地人分享聊天，接受他们的善意与好奇，因而才有了不少故事可以在旅行结束后慢慢回味。

大概每隔几个小时，火车会靠站停车十分钟，原本在车里挤作一团的人们终于可以透透气放松片刻，月台上的风景便曼妙地拉开帷幕。

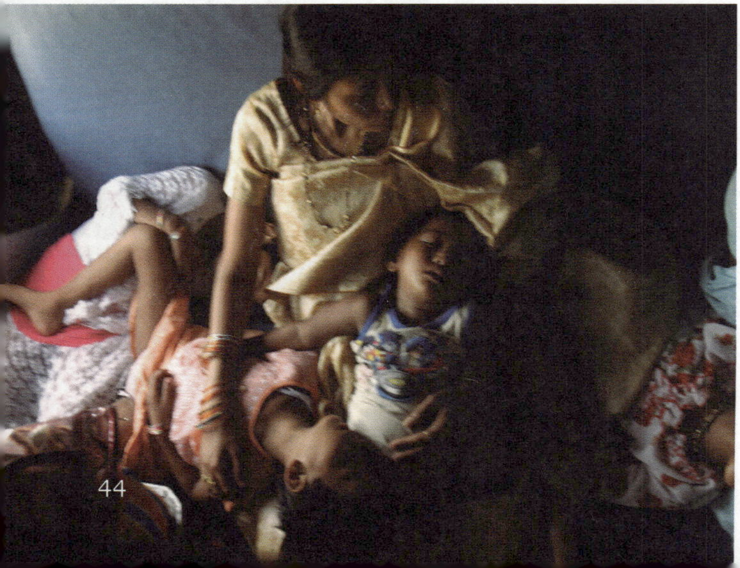

女人们带着孩子围成一圈坐着，掏出口袋里原来带有的甜点或零食，分给孩子们。男人们去水龙头打水或干脆洗把脸凉快一番，带着幸福满意的笑容看着妻儿们。年纪大点的男孩互相追逐玩乐着，更小年纪的孩子则被禁足在车里，只有扒在铁窗上看窗外活泼的场面。月台上没有多少小贩，一两个贩卖水果的小贩已被团团围住，10块卢比可以买一串果肉饱满的香蕉。

一路上很少有发现吸烟的男人，男人们更热衷于嚼一种小袋装的粉末状东西，1卢比便可买到一包，倒在手里送进嘴里，嚼动一番然后吐出褐红的液体。男人们吐的姿态表现得很帅，似乎这已是他们表现男人气概的一种方式，先是在嘴里迅速嚼动，嘴角不时泛起红色唾沫，最后一鼓作气迅速吐出，准确无误地吐出——月台上没有垃圾，人们随意吐在地上，动作迅速而漂亮，一次便可吐得相当干净。

一停车，人们便急着走出闷鱼罐头似的车厢，到站台上透透气。其实站台也很热，暴烈的阳光与炙热的高温，可空气是清新的流动的。一停车，上下车风景也有了看头。男人站在铁窗车厢外，表面不言不语，两手插进裤袋极力隐藏内心的伤感，眼睛直直望向车厢内那个爱着的女人。一切都尽在不言中。

因为月台广播只在列车到站前广播，开车前并不会通知，也没有列车员站在车外招呼大家上车，所以几乎没人知道列车大约停留的准确时间。只是看着列车缓缓启动，才陆续上车。那些开了小差去得太远的人，只能加把劲迎头狂追，一般都能追上。在印度乘火车旅行期间，也没能见到没追上火车的人。

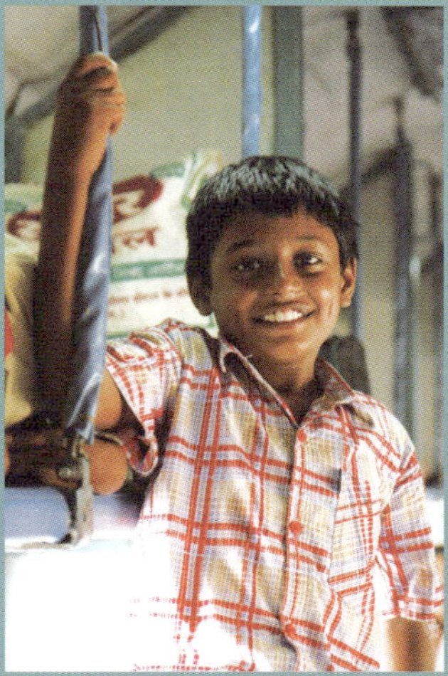

狭长的过道，是大孩子的游乐场。

回到铁窗车厢，大约就餐时间前1小时，会有人来登记每个乘客的订餐。我有些傻，抱着幻想去餐车吃饭，以为可以享受到在电视画面中曾见过的豪华车厢模样，细问之后才知道火车上根本就不设餐车，即使是二等舱与三等舱之间也是紧密相隔，互不相通的。点餐员细心报出乏善可陈的几样菜式，当然除了咖喱还是咖喱。吃饭并不需要事先付钱，结账总是在饭后很久的时间，我真担心有人点了餐吃了饭后中途下车走掉，事后发现我的担心多余得可笑，因为我所呆的国家是印度，印度人可以穷得叮当响，但不会欠下饭钱走人。

这一方面，印度人的诚实表露无遗。即便是顶着小篓卖些煎炸小吃的流动小贩，一时缺了零角，也会走过10节车厢又回来补齐欠下的零角。

突然，我怀疑是否曾发生过错觉，遇到那些“这里关门了，那里也倒闭了”的连篇谎话。

清奈，海就在这里

海边的清奈，让人惊奇的不是大海，是沙滩上的石头建筑。
它们从几世纪到十几世纪，从未多言，任由世人评说。
遗忘也好，荣誉也罢，它们都在那儿。

海边公寓，伴着浪涛而眠

清晨到达清奈后，坐在女士候车室的窗台，“打望”站前广场的热闹，却不敢回头多看旁若无人梳妆打扮的印度女人们——她们才从浴室走出，身上仅裹了一层布，面对清晨无限美好的柔和阳光，有人在搓干头发，有人解开身上那层布擦干水渍，还有人脱得赤条条地翻拣行李……这真是一幅活色生香的出浴画面，身为同性的我也深叹一声，却不敢多看怕招来恶骂。

印度向来盛产美女，东海岸的印度姑娘比起初到加尔各答时所遇见的，似乎更多了些谦雅的风情。

从清奈去本地治里还需大概3小时车程，坐在印度自产的TATA客车上，透过车窗吹进来的热浪令人窒息，空气里渐渐飘出热汗因挥发不畅而积攒出的臭味，屁股已被硬板凳弄得生痛，昏睡过不知多少回，路边的广告牌渐渐多起来，总算到达本地治里了。

本地治里曾是法国殖民地，城里有无处不在的异域情调：灰色的百叶窗、涂有海蓝色的墙脚散落些落叶花瓣、墙角探出的热带花和刷白的高墙深院藏有幽深而不得知的故事。当初法国人梦想在异地他乡建一座与法国南部尼斯一模一样的海滨城市，本地治里也曾在法国人圈中风靡一时，但殖民主义终究抵挡不住强悍的印度本土文化，最终法国人落荒而逃，留下一座法版印度小城，成为当地人周末休闲度假的地方。小城不远处还建有隐秘的瑜伽中心，名气颇响。

入住海边公寓Park Guesthouse，选择临海的阳台房间，推开窗户或坐在阳台，便可以远眺大海。旅馆前庭花园椰影婆娑，池塘假山石桥透出悠闲气氛，近处的大海发出波涛汹涌的吼声——本地治里没有想象中的碧海清沙，人们拥挤在岸边欣赏浪击乱石的混乱，一如岸上混乱无序的人潮。

夕阳照到甘地雕像时，已不能看清建筑深处泛出的艳丽色彩，我还想在岸边多停留些时候。海边是年轻人的会所，与其他地方截然不同的是，女孩们在这里抛头露面，三五成群驻足海边，或坐或卧，有的嬉笑怒骂，有的宛如处子。大概是本地治里的法式遗风，使当地女孩大胆、热情。当我举起相机拍片时，调皮的女孩挥舞着手像要来抢相机的样子，我紧张而笨拙地闪开，引来她们狂妄而得意的哄笑。

本地治里的夜是有些无聊的，喧嚣的人们东张西望地想看热闹，但街面上最吵闹的只有海浪击岸的涛声。小城没什么五花八门的玩意儿，多数人只是漫无目的地散步聊天，打发一天又一天的光阴。我的饭点还维持在中国标准，午餐12点，晚餐6点，印度与国内时差两个半小时，饭点也后移了。当我6点钟走进餐馆，侍者很礼貌地对我说，7点钟才开始营业。我才恍然明白，为什么街上的人都走得那么慢——等饭点啊！

带着玩笑的想法吹着小曲回到旅馆，继续坐阳台吹海风，等到7点钟又吹着小曲去餐馆，七八张桌子已坐满人，幸好我有提前预订。

夜里确实没什么活动，酒吧和网吧就像标着“无聊去处”的标签，如果刻意避开这两个地方，晚间活动只有回房间睡觉了。

在加尔各答经历了几天的嘈乱，无时无刻不感觉到城市在燃烧我；可在本地治里一切都换了种风格，没有人打扰的安静，空气中清新的海风，明黄与湛蓝相间的法式建筑，令人身心俱息，我把百叶窗都打开，让海风贯通房间每个角落，伴着浪涛卷涌而眠。

大约5点半我就醒了，睁开眼就看见空旷的海面上一轮温柔的光束，海上日出就那么平和淡定地在眼前拉开大幕。椰林外，平静海面上，一缕泛着波光的红绸，托起一轮晕红的太阳。昨晚一夜的惊涛骇浪在这时平静下来，所有的吵闹也都停止了，舒缓而温柔的涛声让人有躺在懒人沙发里的惬意，安静而祥和的日出有如一杯清新的绿茶——沙发与茶，可以使人感到静谧的力量。

打开窗户，躺回床上，闭上眼睛，趁着这份清凉再睡上一会儿。看风景，更像是透过风景看心境，清晨的日出照透了我的心，使一切阴霾挥之而去。

没有人打扰的安静，空气中清新的海风，明黄与湛蓝相间的法式建筑，令人身心俱息。本地治里，也是电影《少年派的漂流》故事的发生地。

马哈拉里普林，再次遇见善良

海边的清奈，让人惊奇的不是大海，是沙滩上的石头建筑。它们从几世纪到几十世纪，从未多言，任由世人评说。遗忘也好，荣誉也罢，它们都在那儿。

这些石头从来就充满传奇。吴哥窟和莫高窟，同样是窟，用同一种语言讲述一个人和一个世界。马哈拉里普林的寺庙，是一个神话和一个宗教。如果你有信仰，会在这些石头中找出隐藏其间的共鸣，躲不开世事缱绻，逃不过苍老春弃，久远的石仍在，如花美眷，似水流年。

马哈拉里普林（Mamallapuram），名字太拗口，每次用长音念出“Mama”时，别人已能猜出我要去的是马哈拉里普林。

“马哈拉里普林”在印度语中指大力士居住的故乡，曾是印度历史上的一座港都，拥有两千多年的历史，几公里范围的小镇却有好几座建于7～8世纪时期的寺庙遗迹，虽是古迹但仍被视作当地人的朝圣中心。

当场就想扔句国骂，但又气结地把话吞回去了。愤而转身去另一家租车行，总算找到辆合适的车辆，故意骑回先前的车行，停下来跟老板打招呼问路，然后扬长而去。

大约是旅游淡季的原因，骑行的游客并不多，印度本国旅游的人倒是蛮多，但内外有别的门票差价的确让人咋舌。我试着混进印度人的队伍，无奈总有鹤立鸡群的窘感，乖乖买了门票进入景区，却发现站在景区与景外所见风景大致相同，心里好生后悔没有省下钱去买当地盛产的纱丽。

有人曾形容马哈拉里普林是西方人的度假乐园，骑车去海滩的路上却没有发现除我之外的外国游客，海滩上的确聚集了很多玩耍的人，大多是一家人出游的男女老少。孟加拉湾的海水在这里也变得混浊不清，令人不愿轻易脱鞋下水。2004年南亚海啸时，这座海滩遭受重创，沙滩上的建筑毁于一旦，幸好不远处的古寺受损不重。当万物待兴，人们重新出发后，期待最多的莫过于游客的出现。

骑行前找合适的自行车颇为费事。找了几家租车行，所有车型是比二八自行车还要高大的架子，对于初学自行车的我有点难度。我嘟囔着要找小型车辆，车行老板将所有车推回车房，冷冷地说，这里没有为中国人准备的小自行车。

从一个景区到另一个景区需要骑上一阵子，路边椰子摊是最佳体力补充站。我停在路边，要了个二十卢比的椰子，瘦小的椰子和看起来同样瘦弱的椰摊老板，还有在脚边徘徊饿得满地找食的小狗，都显得我“财大气粗，腰肥膀圆”。椰摊老板必定自己也不舍得吃个椰子解渴，家里营生都指望这些营养不良的椰子了，吃掉一颗就是吃掉一天的进账，有一颗在便保证有一分钱的收入，无论谁也别想不花钱吃到椰子。一颗小椰子此时更像是全家的希望，老板像对待宝贝般看待椰子们，有客人来买，乐呵呵地举起砍刀一劈为二，还不时用手赶走贪嘴的狗，生怕因狗影响客人，盼着客人多买几颗椰子。

遍寻街头餐馆，最终得出结论，夏季的马哈拉里普林已被西方游客抛弃，所有漂亮的餐馆都歇业了。蒙头苍蝇似的撞进一家当地餐馆，面对满目印度文的菜谱目瞪口呆，反复强调“米饭”后，服务员送上芭蕉叶铺在桌面上。芭蕉叶怎么吃啊？再说我也没点这道菜啊！我翻来覆去检查芭蕉叶，也不知道怎么下嘴去吃。这时，服务员笑呵呵地走过来，将米饭和汤菜“哗”地倒在芭蕉叶上。原来，芭蕉叶就是盛吃食的盘子。当地人洗净右手，用手抓起饭送进嘴里。服务员看出我的勉强，餐馆里的当地人也想看我这个老外怎么用手吃饭……罢了，就是被当作猴看的那种。我从包里摸出随身带的筷子和勺子，“围观”的印度人顿时全部“晕倒”；接着又继续看我表演如何用两根棍子吃掉眼前一堆饭菜。

此后多次与印度朋友吃饭时，都不无释然地说起这个故事。其实是很担心用不熟练的手法吃饭会吃掉自己的手指才备好筷子。幸好在此后的旅程中没有多少咬掉手指的机会。

饭后坐在餐馆门前等传说中去清奈的班车出现，老板突然走来满脸抱歉地说去清奈的班车已经开走，着急赶路的话，只能去国道坐另一趟去清奈的车。他的左手一挥，司机开着Autoraw过来，他叮嘱司机要尽快送我去等车的路口，才略为放心地对我说“再见”。

司机载着我一路狂奔，刚好赶上去清奈的车。他帮我把行李扛上车，转身离去时留给我善良而可爱的笑容。有些错愕，我怎么老在印度遇到好人啊？

总有些人不愿舍离故土

在午后乘车从马哈拉里普林到清奈，是段枯燥而郁闷的旅程。

印度人乘车的自觉性很强，男人靠着男人坐，女人靠着女人坐，如果男女混坐在一起，一定是熟悉的人；如果陌生男人坐在单身女乘客旁边，将被视作无礼。我被安排坐在三人座位，旁边坐着一对夫妻，神态间透露出回家的从容。我试图找些话题打发时间，可他们沉默的亲密似乎不需要别人去打扰。好不容易熬到清奈，一下车我直奔公车站，准备去那座著名的婆罗门寺庙——米纳克希神庙（Sri Meenakshi Temple）。

在印度坐公交车，无论何时何地，都像是奔赴一个战场。车来了，只能抬头向车窗探出身子招揽乘客的售票员大声询问。不是所要的车，加足马力扬长而去；是

所要的车，也并没有停车上客的意思，想上车的人只能愤力追赶，猛然跳上车。多载一个乘客，司机心里大概已很满意，只要乘客一只脚踏在车身上，他便可以用力踩油门，像是奔跑在草地上的藏驴，撒开腿就一阵狂奔。

刚在车上坐稳，庆幸恰好赶上合适的公车，乘客又叽叽喳喳闹开了——原来车坏了，售票员招呼所有人下车，办理退票——退票也很简单，每人凭手里的车票退回减半的路费。真亏得清奈人老实，没人从地上捡别人扔掉的车票来凑数。

旅行注定每天都是新鲜的，在接连的追车、车坏和退票的乐趣中，我结识了在清奈工作的汉姆。我问起他的印度全名，得到的一长串难听、难记的回答，“汉姆”倒是简单易记的名字。

汉姆说他的家在离寺庙不远的地方，他可以带我同路，问我是否愿意AA制。

看来汉姆的提议非常不错，汉姆招来一辆Autoraw，载着我去达目的地。

汉姆的英文中夹杂的印度口音很淡，这在印度南部并不常见。大多数印度人以自己讲的一口标准英国口音而骄傲，殊不知他们的英语是地道的“印式英语”，除了他们自己别人很难听懂。

汉姆说他的家乡在本地治里，小镇太小，他的学位并不能在家乡获得很好的职位，但在清奈的现代企业中，他可以穿笔挺的西装受到尊重，可以拿到每月近4000卢比（约1000元人民币）的高收入，而在本地治里他一个月顶多能拿到1000卢比。

他问起我的收入，我不知道该如何回答，只说每月大约会有两三千的收入。汉姆的眼神透露出羡慕的意思，我开玩笑说，如果他去中国工作，或许月入5000，相当于印度卢比四万多了。汉姆摇摇头，说他适应印度的一切，所以不会轻易离开。

其实，印度是个阶层性很强的社会。我不知汉姆所属的阶层，但从长相看，他应该受过良好教育，且有很好的个人修养，大概也可属印度人阶层的中高分子。他可以每天衣冠楚楚地受到大多数低阶层人们的敬重，那不是表面上的尊敬，而是发自内心的爱戴。适应了这样的生活习俗，很难去其他地方自由舒心地活着。

汉姆的话很有意思，他的安于现状倒让他显出儒家风范，让我以为，印度人都是很安于现状的，比如随时出现在街边的贫民，千疮百孔的生活环境和无处不在的苍蝇。

这样去理解印度很肤浅，但却找不到更合适的语言去形容——因为我所知道的他们就是安于现状，在混乱、贫瘠的土地上快乐生活。

因为你，我靠近海

临上火车前才发现没有了火车票，幸好记下了火车票上的有用信息。如果不上这趟车，就意味后面安排好的行程会作废，尽管明白随遇而安，但还是舍不得浪费已经付掉的费用。有时，绝境会让人无畏。大着胆子上火车，找到床位，满脸沮丧的坏心情，祈祷不会有人买走我的那张车票。

我的故事在此刻就像蹩脚的烂球鞋。垂丧着脸坐在那儿，当时的模样一定相当落魄——没有人敢无票乘坐混乱的印度火车，这样做危险程度简直无法想象，而我不知当时哪儿来的勇气就冲上火车，那么执著地相信我会得到好运，平安无事。

在印度，无票乘火车的后果

A. 被赶下车，停在陌生未知的小镇。

B. 高额罚款，票额三倍以上。

C. 未知的危险，恐怖的后果，比如挂在车外或坐在车顶。

我的“邻居”是去遥远的寺庙参加活动的一家人，老年夫妻两人带着儿子和孙子，谈吐斯文，举止有礼，英语口音也有别于北部混杂浓厚的腔调。犹豫地向奶奶说起倒霉的遭遇，请求奶奶如果补不上别的床位的话，请她允许我可以坐在她的床边休息。奶奶看了眼丈夫，点点头答应了。我总算安心，情绪也得到极大抚慰。

其实在上火车前我就断定火车票已被卖出。印度火车票是实名制，名字会出现在车厢的车门旁，我仔细检查了好几遍都没有自己的名字。尽管得到奶奶的应诺，我仍希望买走车票的人临时爽约。心仍绷着紧张的弦，别提多狼狈了，好心的奶奶不时聊天来缓解我表现出来的不安。

事情来得太突然，吓得晚饭也没来得及吃，包里仅剩的水和饼干刚够糊口。晚饭时间没有列车员来登记用餐，看来我只能先就着饼干过了，狼狈的样子简直不敢去照镜子，想想平时自负得要命的家伙现在窘到这种程度就觉得悲伤。奶奶肯定一直在悄悄观察我，看我摸出几块饼干和水就明白了。她把出门前为家人准备的食物和水果拿出来，分发给家人后，再铺在我面前的餐桌，小小的餐桌就那么展开了来自食物的诱惑，那些都是给我的，那么多那么丰富。我怎么能拒绝，根本没有勇气嘛。我一边吃一边眼睛湿润，心里说了很多次谢谢。

人有时候就是这样子，在接受帮助时，会怀抱着感激和感恩的心，不必说出来，一切都表现在脸上了。到了睡觉时间，尽管我的床位还没有人来，但奶奶蜷着睡在床上，那是在为我留位。

火车大约驶出一站，持票人和他的同伴来了。我尽量地解释发生的意外，他们一商量，让我继续享用床位，而他们挤在另一个床位……

这一晚其实我睡得很不踏实，感叹好运，从未想过会在这种情况下感受印度人的善良与纯真，更没想到先前读到有关描述印度的文章中那些偏见与批判显得如此片面，这样的夜让人如沐春风般温暖。

清晨日出时，我已到达科钦。奶奶送我到车门口，用她的手握住我的手，亲吻我的手背，用她的语言说了一长串我听不懂的话，当时就明白是在为我祈求好运。我的泪当时就忍不住了，这样的分别显得格外彷徨，有继续跟着她去旅行的想法。念头虽只是一闪而过，却是最真切的感怀。我紧紧地拥抱她，说“谢谢”，又握紧她的手说“再见”。

走出科钦火车站，城市的吵闹扑面而来，阿拉伯海就在远方，我的心那么暖和，仿佛从来没有如此明亮。

科钦，一个人的阿拉伯神话

大街上到处流淌着异域风情，
有很多葡式、英式、西班牙式的古老建筑和欧式教堂。
尽管不知道每一栋老建筑里面曾发生的故事，但从老建筑旁走过，
会有种沧桑感扑面而来，仿佛走进了科钦的记忆深处。

在阿拉伯海慢慢老去

很容易就发现了科钦轻松浪漫基调上的古老与厚重。老城不大，可大街上到处流淌着异域风情，有很多葡式、英式、西班牙式的古老建筑和欧式教堂。其中以葡式风格的建筑居多——科钦曾是葡萄牙的殖民地。老城的大多数别墅并不对外开放，只能隔着栅栏或低墙欣赏，也有部分别墅开放成酒店或餐馆，也已是镇上最有代表性的建筑系列。尽管不知道每一栋老建筑里面曾发生的故事，但从老建筑旁走过，会有种沧桑感扑面而来，仿佛走进了科钦的记忆深处。

科钦的阳光明媚，老城在阳光的照射下光影分明，如梦如幻。我差点以为科钦的阳光是经过了阿拉伯海海水的过滤，恍然有着海涛的蔚蓝和海风的清爽，散发着那种让游人愿意在此慢慢老去的光线。

面临阿拉伯海的科钦老城，就像充满回忆的老人，守护在北纬10度的狭长半岛之畔，中国人来过，留下了郑和的足迹与中国渔夫捕鱼的方法；葡萄牙人来过，留下了蓝白黄红相间的色彩建筑。喀拉拉邦的艺术气息在这里传承，才有了古典舞剧卡塔卡利的魔幻世界。《美国国家地理》杂志先后将科钦评为“全球十大乐土”和“一生必游的五十地之一”。

正逢旅游淡季时节，背着大包走进老城时并未引起太多人注意，敲开一两家有旅馆字样的门，有的说主人度假去了，有的讲正值歇业期。拐了两三条巷子，空气中海的味道熏得人越感疲倦，遇见坐在屋前喝咖啡看报纸的老先生，就问哪里可以找得到住宿的地方。老先生收好报纸，说：我家就是homestay。

Homestay是像居家环境一样的家庭旅馆。老先生叫詹姆斯，他叫来女儿丽娜，看上去二十出头的年轻女孩，带我走进临街的房间，格纹窗帘和木格窗户让我顿时欢喜，这就是我最爱的北欧简约风。

旅馆老板詹姆斯则很喜欢讲他的家庭史，他的父亲曾是当地报社记者，而他早年曾去国外读书，家里更是保持着西方生活习惯，可印度人骨子里的热情却是西方教育改变不了的，对人永远都是温文尔雅的笑容和彬彬有礼的问候，他的三个儿女继承了父亲的传统，小女儿丽娜管理着旅馆事务，使旅馆充满温暖的味道……

印度对男女两性的定位很明确，女人就是等着嫁人，生儿育女伺候好丈夫家人，少数接受过高等教育的女性会抛头露面工作，但在公司或政界做到高层就是凤毛麟角。被父亲允许帮工的丽娜很珍惜工作机会，我问她将来想做什么，她想了会儿竟答不上来……也许是命运早已被规划，梦想或未来之类的字眼就会显得特别奢侈，以至于从来没有认真地去想过。

老城民风淳朴友善，生活安宁平静。在老城呆上几天，游人很容易就与城里居民变成熟人、朋友，时时会有人停下脚步礼貌地打招呼。皇后街口的单身父子，守着既是网吧又售杂货的小店，不足十平方米的地方却是生活的全部，生意清淡，两父子更多的时候是坐在门外的小凳上看过往的行人，遇到客人时脸上绽放的是纯真的笑容。

阿拉伯海也满足了我所有对于大海的幻想。

每天散步去海边，穿过长长无人的街巷，泛黄的墙角透着劣质的白底，破旧的窗户怕是再经不起几次海风的狂袭。看起来落败了，可随意走进一处宅子，宽阔简净的庭院和古朴优雅的家具卷起无数典雅致远的气息扑面而来。带着这样的心情走到海边时，巨浪拍击礁石、风卷起云涌，或壮丽或璀璨或阴郁的日落近在眼前，波光万千的海面，如一帘银幕，为我一个人上演着阿拉伯神话。那些在一千零一夜中发生的故事，就在这块幕布上诡异地展开，深入梦间，直到清明。

恍惚间，我竟觉得自己正在阿拉伯海慢慢老去，500年的时光“嗖”地一下消逝在平行宇宙，所有美丽的事物终有一天会消失。我站在这里，突然间觉得应该忘掉历史，让过去的自己留在这里，而现在的我可以勇敢前行了。

阿拉伯海古城，葡式浪漫的色彩与情调。

一条街，一个故事，

科钦的故事依然上演，

而旅行，从未结束。

从这条街道开始，

感受葡萄牙靡音般的色彩，岁月冲散繁花尽开的浪漫。

坐在海边听巨浪打礁石，风卷云涌，

阿拉伯海如狂舞的神，近在眼前，

波光瞬息，袖飘裙动，

大海，如一扇银帘，为每个人上演阿拉伯海的神话。

参加一场没有预约的婚礼

原计划在科钦待三天，大概是待得太舒服了，竟忘了看火车票上的乘车时间。等到想着是不是该走了，拿出火车票对照日历一看，火车早在两天前出发了。不知是喜是悲，搭了公车去火车站，在外国人订票办公室重新买下一程的火车票，不得不多等一星期才有铺位。错过火车的失误让我把在科钦的行程拉长放大，除了去附近的乡下走走，便是漫无目的地四处闲逛了。那扇每天都为人们开启的教堂之门成为我下午必去的地方，坐在空旷寂静弥漫着赞美诗的天籁之音的教堂，与自己对话，竟是内心最平静的时候。

听说下午5点会有场婚礼，征得主办人的同意我也获得邀请。去商店挑礼物，不知送什么好，回旅馆问丽娜，她也没有太好的建议。当地人送礼，20卢比已能买很好的礼物，与中国风俗不同，结婚并不指望婚宴上收多少礼金。我又回商店挑礼物，36卢比的巧克力折算后不足10块钱，却能很好地表达祝福之意。店员帮我包好巧克力后，已差不多时间去参加婚礼。

我带了拍摄用的三角架和相机，因是第一次参加当地人的婚礼，担心不合适的行为会影响现场，征得同意才拿出笨重的大家伙相机，开始现场抓拍。

新娘装扮得雍容华贵，新郎也英俊洒脱。早先听过很多有关印度婚姻的故事，婚姻在印度极为不自由，有的夫妻只见过一面便由家里作主嫁娶，有的新娘因为陪嫁不好而被夫家悲惨虐待……婚礼更是一场宣告，娶的面上有光，嫁的丰美阔绰。我参加的婚礼更像是西式婚礼，教堂的旁边在准备自助晚宴，乐队正调音试唱，这也是我在科钦见到最豪华的婚礼了。

婚礼上我是除新娘新郎外最忙碌的人了，几乎全程跟拍，关键时候以半跪姿势抓镜头，偶尔听见的笑声也是笑我夸张有趣的拍照动作。婚礼大概邀请了老城所有的居民，次日，人们都在谈论又多了一个来自中国的新朋友。

被认作朋友的巨大好处是，总有陌生人停下来跟你打招呼，总能在口袋里没零钱的时候赊账，无论在哪儿都可以得到友善的微笑。

孟买湾没有清澈海水，混杂泥沙柴油咸湿气息的海岸边，如同印度的混乱，停着渔船、游轮和手划船，这不正是混乱的愉快吗？

面朝大海，享受鸡汤

热爱咖喱的人会觉得在印度的旅行如在天堂。像我这样从小在麻辣窝里长大的同学，面对每天餐单上的各种油炸配黄咖喱、绿咖喱和红咖喱，对食物的诉求只能不断拉低下限。

印度时间比北京时间晚两个半小时，这意味着即便正常就餐时间是中午12点和晚上6点，胃的生理反应也已晚了几个小时。令人崩溃的是当地人的午晚餐时间是下午2点和晚上9点，这意味着按我们的点去吃饭，餐馆还没开门呢。

当我经历了很多次饥饿测试后，梦里反复出现的是麻辣鲜香的重庆火锅、精致怡口的香菜牛丸、甜品店的招牌瓦那……凉粉凉面酸辣粉豆腐脑连想的念头也不敢有，怕打开思念的闸门，更难以控制无知的胃。难怪人们常说，只有在最极端的条件下，人类才会真实面对自己的需求，原来吃喝玩乐之中，吃显然是生理需求里最重要的。

听说老城有个菜市场，有专卖鸡的小店。想起我带了煲开水的电热水壶，如果扔两块鸡肉进去煲几个钟头，也算一锅美味的鸡汤，以解痴缠的胃带来的无数渴望。老城菜市场很清冷，零散的几间商铺出售很简单的食物。找到鸡店，活蹦乱跳的鸡们欢呼雀跃地走向屠夫手里。我的馋虫又在作祟，卖着笑脸想买只活鸡的鸡腿，气得店老板怒吼吼的撵我走开——想想也是，一只鲜活完整的鸡，难道砍下个腿单独卖吗？可买整只鸡吃两天也吃不完，实在浪费食物，会遭天谴呀。

快快地回到旅馆，丽娜问我是否买到鸡，看我垂头丧气的样子她就明白了。她拉着我说今天妈妈买了鸡，如果我愿意可以分给我鸡腿部分。哇，肥肥的鸡腿流着黄灿灿的鸡油，我的眼前马上出现这一幕。这大概是科钦最值得惊喜的事，各种被逼之下终是自己动手，才能丰衣足食。

洗净鸡肉放进电水壶，倒入瓶装纯净水放好盐，等着喝鸡汤。等待的过程相当漫长，足以让我思念和怀想……在家里我和先生分工明确，厨房归先生管，买菜做菜之类属于创意型活动均归男人；洗衣扫地洗碗之类没有技术含量的活儿均归女人。长年分工下来，造就了一个能吃会吃却不懂烹饪的我。如果是和先生背包同行，到一座城市最常去的莫过于超市或菜市场，他负责买当地食材，把吃过一两回的特色菜依样画葫芦地烹饪出品。临出门前，他恨不得抄点简易菜谱让我带上，如果有方法保存食物新鲜美味，他必定会弄几个小菜便当给我。煲鸡汤的主意也是先生的点子，还不免表现出老怀欣慰的模样感叹厨房事业盼来接班人了。

得到先生指令，汤要煲4～5小时。闲着也是闲着，带着相机去码头逛荡。捕鱼的渔船回港了，一劳永逸的中国渔网捕不到深海里的大鱼，渔夫们还是要趁风平浪静的时候出海打捞。海边的鱼市早上才热闹，傍晚已退去人潮，没什么可惊叹的大鱼或名鱼。鱼摊和食摊连在一起，售鱼归售鱼，加工归加工，我买了半公斤海虾、1公斤海蟹、1公斤鱿鱼配濑尾虾……不是想买这么多，而是不好意思买太少，总共折合人民币也不过十几元，再算上加工费也不过25元，好意思买太少吗？

食摊其实是简易露天餐厅，几张塑料桌椅，工作厨台和几口锅就算齐全。虾也好，鱼也好，在他们手里就是冲洗一下就送上煎板或水锅，清蒸白灼红烧这类吃法还是忘了吧。半小时后，小圆餐桌堆满几个盘子，我的海鲜大餐华丽地呈现眼前。对于高水平吃货，大概会抢过他们的厨台，亲自出手烹饪一顿盛宴，这样才是配得上无敌海景的海鲜大餐。

带着嘴边海味的余香，回到homestay时发现鸡汤已黄油满溢香味扑鼻。推开窗户，黑夜幽深宁静，正是当地人的晚餐时间，人们在自家餐厅大啖美食，我也终能配合上当地的生活节奏——夜晚9点，捧壶鸡汤，坐在窗边，石板空巷，海涛伴耳，品读阿拉伯海边小镇的清怡。

椰林水乡的“明星”待遇

参加椰林水乡是通过科钦老城的旅行社预订的，旅行社的车接我到河岸。上了船才看清，原来全船人就我一个外国人。

所有人都对我充满好奇，起初是谨慎地保持微笑默默注视，相处几小时后开始问各种问题，比如中国好不好，中国有什么样的飞机，中国的高楼有多高……当我一一作答后恍然觉得自己原来真的还算了解我的祖国，否则该如何回答千奇百怪的问题，比如中国最新的数码相机是带镜头的吗？当然，我举起我的相机，说这叫单反数码相机。

这些问题都是好奇与无聊引起的，没有任何恶意，就像我也好奇地问，孟买真的10年后可以追赶上中国的上海吗？

同船的有个小女孩一直带着羞涩的笑观察我，想说话又故意躲开，在父亲的鼓励下终于有勇气和我打招呼，“哈罗”后又闭嘴了。她的父亲代她问是否愿意和小姑娘合影。换成淘宝体就是：合个影吧，亲。

我没忍住地笑笑，当然可以。小女孩开心地笑了，和我拘谨地站在一起合了影。这下同船的人们都来纷纷问合影的事，有单独想要合影的，有一家人想合影的，还有想兄妹一起和我合影的……我有点窘迫，凭我的长相难道只能在印度混世界了？

这种玩笑只是说说罢了。雷锋叔叔从小教导我们让别人开心是快乐的事。虽然最后还有要求和全船人再次合影，我已有点晕头转向。

荡漾在河面上，椰林船屋河流，用与时光相反的速度缓行。船行划过水面，击起如月般幽寂的涟漪。

科钦的日与夜，留下我孤单地面对自己

我搭船又搭车去过阿拉伯海另一头的沙滩，空旷无人的沙滩吹卷的海浪足以淹没刚踩上的所有脚印，台风快要到来的前奏骇人听闻，坐在茅草搭的凉亭下，湿湿的沙透过布衣服穿过皮肤渗入骨隙，从来没有想过会这么孤单地去面对自己，问自己，答自己。

一到科钦老城，便能闻到港口城市独有的清新且略带咸湿的风。

我的任性和固执，有时连自己也惊讶。旅行有时就像专门和自己战争的对手，你越期待遇见、得到，就越会遇不见得不到。当我粗心大意丢掉火车票之前，在本地治里得意忘形地吹着小曲吹着海风；当我以为我会记得搭火车时间的时候，恰又错过火车；当我以为我会连续遭遇霉运的时候，又遇见了旅馆老板詹姆斯和他的女儿丽娜；当和丽娜成为朋友，和老城的居民们都彼此熟悉了，我却不得不离开……当我以为什么的时候，那以为的东西必会以反面意思来到。这是我旅行中的失。

一些固见已成的脾性在旅行中被重新打翻。我有了发自内心的笑意，坦荡的心事，不必顾虑是否无礼的行为，无穷无尽的善良和友情，来自陌生人的信任和承担，会在意想不到时来到。这是我旅行中的得。

我不知道该如何解释旅行的得与失，但每一天的旅程中，无论是开心或不开心，都会强烈感受到来自内心的震撼。也许，老天只会给你能够承受的磨难。

外宾待遇，好奇还是排斥？

从科钦去果阿邦玛德岗的火车是下午7点，担心再误车，告别可爱的丽娜，提早出门。

坐在月台的石凳上，看火车进进出出，人们追赶火车的功夫比追赶汽车的功夫更强悍，即使火车已经发动，站台上的人仍不急不躁等火车走动，等车尾差不多快要驶出站台时，狂跑几下抓住车门轻轻一跃就上车了。我看得目瞪口呆，联想到曾看到一张连火车顶也坐满人的图片，发现印度人的生存能力和生活勇气的确非常人能比。

月台上只有我一个老外在等车，我的一举一动都成为别人眼中的风景，有时想整理下衣服裤子也觉得被隐藏在远处的目光烧得不好意思。

其实，外国人在印度南部所受到的礼遇远远超过印度本国人。无论在哪座城市都有为外国人准备的火车售票点，政府仿佛专门为外国人准备好优待条件。打个比方，如果印度人和外国人同时去买火车票，外国人肯定能买上合意的票，印度人或许连五天后的车票都买不到。是不是印度人也有崇洋媚外的心理，还是文明古国礼遇外宾的待客之道？无论什么原因，外国人办事的顺利程度比印度本国人强不少。

印度也是逐渐开放的国家，听说几年前外国人会被当猴围观，如今尽管人们依旧好奇，但已不爱围堆“看猴”了，联想到我数次被要求合影拍照的经历，突然脸红，是不是也是出于“看猴”心理？让我自作多情还以为是“明星待遇”。

在去玛德岗的火车上，我和一个美国人同住上下铺，邻铺的人除了抱着充满好奇的眼神和竖耳偷听我们谈论的话题外，很少和我们交流什么，倒是我和老美更像毫不拘束的本乡客，热闹地谈天说地。同样是外宾，老美有很重的本位思想，仿佛他们天生就是派来解救全人类的，国事家事人类事，事事与己有关，事事都有大道德论似的见解，同时还伴有莫名其妙的优越感。当然越有教养的欧美人，谈吐越见得体，也就很难发现如此自负的一面。

在玛德岗下火车后，在转去婆罗仑的公车上，只有我独占两人座位，并非我失礼，而是当地人似乎并不愿意靠近外国人，即便是与外国人同座也像是很无奈被强迫似的难过。这种情况发生了数次，在阿拉格去卡久拉霍的长途车上，全车座位已满时我旁边还空着，售票员打算安排女乘客坐我旁边，她却相当不乐意地拒绝了。在从卡久拉霍去瓦纳拉西的夜车上，我独占两人位，有人宁可睡过道也不愿坐座位。

究竟为什么？我咨询一些印度通，答案莫衷一是。道听途说的一种观点说，印度严格的等级制度根深蒂固，外国人的等级比印度普通人要高一等级，人们既恭敬，又好奇，唯恐得罪，但内心又不乐意这种不公平的现象，反而产生一种排斥情绪，对外国人避而远之。这个理由算是比较讲得通的，但即使如此，在旅途中这种被“孤立”的待遇，还是让我困扰不少，即使在印度再待上一段时间，也很难适应这种“礼遇”所带来的孤独感。

信或者不信，只在一念之间

无论从哪个版本的地图上看，老果阿城和帕拉吉之间都隔着很长的距离，或许是几十公里，但看起来更像数百公里。我打算用一天时间完成从老果阿到帕拉吉之间的旅程。

曼多维河畔的老果阿城，嘈杂之间散发着令人窒息的匆忙，路人行色匆匆，城市建筑罗列路边，尽管看起来颇具古风，却没有古韵中的悠然。

老果阿的两座古老教堂对峙而建，教堂里很安静，人们秩序井然地参观着，偶尔坐下来也尽量轻手蹑脚，生怕惊扰了已在教堂停留数百年的诸神们。对于教堂，我有些个人感情，总免不了要礼拜一番，心里念叨着请天主捎个话给妈妈，我很平安，一切顺利。

在路边搭上去帕拉吉的班车，沿着河边一路走着，路边风景平平常常，但空气中始终有股清新的味道。

在汽车站下车时，已接近午餐时间，走进路边餐馆，却有些不太适应——用餐的餐盘变成塑料快餐盘。餐馆的设计将空间利用得恰到好处，为了避免拥挤的桌椅使人感到逼仄，墙面嵌有长长的墨色镜片，镜片中反射有餐馆里所有的场景——商业化理念无处不在提醒我，帕拉吉是座很商业化的城市。

很早便听说过帕拉吉的圣母大教堂，典型的巴洛克风格令人有过目难忘的惊艳。沿着长长的老街一路走去，沿街风景已不足以吸引人，而叫人神往的圣母大教堂却迟迟不露面。我怀疑走错路了，问路人，路人用手指指前方却不作答。怀着无数个猜想闷头走到路的尽头，天哪，白色的外墙在阳光下格外夺目耀眼，如果不是戴着帽子和墨镜，我的眼睛几乎都快要睁不开了。

我喜欢它的扶手的设计、喜欢教堂白色粗砺的手感，呆呆地站在教堂前，不知如何是好。

一个皮肤黝黑、年纪很轻的男孩走向我，问我是否需要什么帮助。我趁机请他帮我拍张照片，他爽快答应，还自告奋勇当起向导。

男孩自称亚当斯，坐在教堂门外的阴凉处，我们随便聊了起来。原来亚当斯从非洲过来，17岁便已开始自谋职业，在当地酒吧里做工，偶尔当当信差，有空时喜欢到教堂小坐一会儿，白色能让他感到无尽的平静。

我问亚当斯，为什么我所遇到的印度人名字都比较英文化。亚当斯回答说，只是为了更方便和外国人打交道，每个人都有各

种的印度名字，很长一串，难记也难念。取个顺口的英文名，方便交朋友也方便别人记住。

我又想问亚当斯为什么从非洲到印度，但又觉得这么一问太唐突，也许人家随口一说编的故事，也许真有一个悲凄故事，到时候又会想该相信还是不相信……我又把自己保护起来了。亚当斯还想继续陪我去博物馆，我婉言谢绝，很认真地向他告别。

沿着长长的公路爬坡上坎，确定亚当斯已离去，我才慢下脚步喘气。一辆越野车停下问我愿意搭顺风车吗？我看看司机的模样，点点头上了车，穷聊几句就到了。大家互相说再见，其实此生也没机会再见了。

我又开始不认识自己了。为什么选择不相信亚当斯，选择相信司机呢？

科钦最古老的建筑是建于1503年的圣弗朗西斯教堂，一座葡式风格的基督教教堂，这里曾存放过葡萄牙航海家达·伽马的遗骸，他是第一个到印度的欧洲人。我到教堂时，整座教堂上空正萦绕唱诗班天籁般的歌声，镇上居民赶在日出前聚集在教堂，脱鞋光脚站在教堂清凉的地砖上，沉下烦躁的心淡然地祈祷。晨曦第一缕光透过彩绘玻璃照进圆穹顶的教堂，空气中的浮尘哗啦一下飞舞得清晰明亮，人们仍是专心颂念吟唱。另一座天主教堂建于1902年，靠近海边，聚焦着另一群宗教信仰者。奇怪的是，老城没有印度教寺庙。

贫穷，只是一道凄美的哀伤

从加尔各答开始，一路向南，在南部呆了小半月，洗净了初到印度的各种不适，旅行渐入佳境。每天和不同的印度人打交道。

有的人长相平平瘦弱矮小，有的人轮廓分明身材高大，皮肤越黑地位越差，皮肤越白自然地位越高……从人种到种姓，看不见却严格存在的标准拉开他们之间的距离。

有的孩子会在自家游泳池快乐无邪地度过童年，有的孩子从能走路开始就在街头挣扎小本买卖的生意；有的人只能赤脚拉人力三轮车，从年青拉到满头白发，有的人只能给做几块卢比生意的甘蔗摊老板做副手，随时被使唤喝斥。有的人一生都是个皮鞋匠，从补鞋到擦鞋；有的人从生下来就食禄无忧，锦衣玉食。如果想问为什么，也不必了，因为没有答案。阶层就像制度规则，没有公平不公平。人们当宿命的种姓阶层是一种规则，只会去遵守。只有这样，才能彰显公平。

回到玛德岗火车站，去存包处取了大包，稍作整理准备去月台等去孟买的火车。问了好几个人，有人说在4号月台有人说是6号。这种情况真让人头痛，我决定先去4号站台。

站台上很多人，看样子都在等车，找人咨询仍无答案，连月台上摆摊的小贩也不肯定火车究竟停哪里。突然有人走到我面前说，今天应该停6号站台。看说话的人满脸认真也不像刻意捉弄的模样，我背着大包爬上天桥，越过躺在天桥上横七竖八的人们，艰难地到达6号月台。

6号台没什么等车的人，与众不同的冷清让我犯糊涂，1小时后火车就到了，难道人们都乘凉去了？而4号月台拥挤的人们等的并不是我那趟车。难以想象，如果我等错站台，是否能在那么几分钟时间背着大包穿越人群赶上火车。

我决定弄清楚到底哪个月台才属于我。背着包去办公室，这像是间调度室，房间坐着三个人，大家都在各自做事，但看上去并不忙碌。我问起坐在入口处的官员，他没有抬头，看起来也没有打算回答问题。我不知哪里没问对，只好重新再提问。这次他有反应，但并非对我讲话，他转过身对身后的人指指点点，大意是今天不是他当班，请当班的人来处理此事。当班的官员翻翻手里的记录本，回答说他不清楚具体的事宜。我只好再次重复提问。大约过了几分钟，仿佛他意识到我仍在等待，才伸手抓起身边的电话，回答我只有列车到达前十分钟才知道具体停靠的站台，如果我在外面坐等，他会在得到消息后通知我。这样的回答其实还夹杂了不愉快的情绪。

冷漠态度与之前所受到的外宾待遇截然不同，是我哪里做错了吗？后来遇到一位熟悉印度的朋友，了解后才明白官员们冷漠的原因。

印度人很在乎自己的阶层身份，阶层所代表的东西可以用在生活的方方面面。不要试图请办公室文员做杂役般倒水送水的工作，就像别请速记员做打字员的工作一样，一旦开口就是莫大的冒犯和污辱。不当班的官员是更高级的领导，只有他有权力打电话去得到火车停站信息。回复乘客咨询是当班官员的事，当他被迫直接回答我的问题，就拉低了自己的身份，沦落了阶层。过了很久，我才明白自己的莽撞。

根深缔固的阶层观念使印度人善于生活在自己的世界里自娱自乐。火车站天桥上横七竖八躺在地上的人们，自然地位低下，也就无所谓脸面身份；有身份的人，就会顾及脸面，会端正地坐在椅上或站着候车，衣着整洁服饰大方，阶层越高的人越不会购买平民车票，二等空调车或头等车才是他们的选择，候车时也可以坐在专属他们的房间候车……带着阶层眼光重新去看待印度民生，似乎又多了一层体会。无处不在的阶层使印度社会混乱中井然有序，人们牢记身份阶层，不会也不愿越界。

人，生而就不平等。出生决定了阶层，决定了命运，决定了每一天的日子。

就像印度人的贫穷，据说处在贫困线以下的人占全国人口的七至八成，人们不得不出生便习惯贫穷。印度人从出生便拥有独特的贫穷观——贱民永远是贱民，只能跪地打扫靠别人给两个铜板度日，更高阶层的人即使没钱，也会有同阶层的人供养。印度的官派作风简单理解，更像是阶层作风，你所接触的每个人因其所得阶层而有不同程度的尊卑表现，也可以用这样的观点去理解好人坏人。

为了适应贫穷，又编造出很多美丽的谎言，比如以虐待自己修行出家的苦行僧，贫家女子或男子爱上富家子弟的爱情故事，还有人们对于赤贫无可奈何后表现出超然脱世的态度——贫穷在印度人眼里已演变成个浪漫的概念，不仅激起人们对信仰的忠诚，还引发对贫穷凄美的哀愁。

也许在某个院落刚看见嬉戏无邪的童年，转身在街角就看见衣衫破烂的孩子做着几卢比的生意。

种姓制度，漫长的征服与被征服史

很多人问我，印度人长得怎么样?

这样的问题与猎艳无关，问的是出处。就像“炎黄子孙，华夏儿女”般的答案，让我们自知缘由。

历史上的印度人种繁多，血统混杂，既有原始澳大利亚人的后代，也有地中海高加索人种，还有古老的雅利安人种。

原始澳大利亚人，因身形与澳大利亚土著很相似才得名，他们呈褐色肤色，鼻宽唇厚，头发乌黑而卷曲，身材矮小，有个不太好听的外号叫“矮黑人”。各种历史文献中对这部分人种描述最少，了解最少。我国大唐盛世时期曾记录有“昆仑奴”，是对黑人奴仆的一种称呼，描述的就是这类人群。在道听旁说的印度历史记载中，公元3世纪起越南南部地区有亚洲最大的奴隶市场，市场一直繁盛至明朝。买家主要来自中国，奴隶多为矮黑人，性情温良，踏实耿直，贵族豪门都抢着要。

生活在印度南部地区的地中海高加索人，他们的皮肤为浅褐色，唇薄脸长，中等身材，最初进入印度时沿河居住，后被强悍的雅利安人赶到南方，成为南印度的原始居民。显然，爱钻研、性格温良的地中海高加索人种必定会创造历史，即便使用象形文字，也创造了印度河流域的哈拉帕文明。广布的印度河流域文明，是当时世界最高的文明，人们在公元前2500多年就有了大规模的城市群落，人们懂得种植棉花、宗教信仰和商业贸易。同一时期的另一文明世界埃及才刚刚开始建造金字塔。可惜的是，当雅利安人侵入时，发生了屠杀和毁灭，也注定高度文明的失落和消逝。

公元前2500年，雅利安人来了。雅利安人是天生好战的游牧民族，趁着世界人种大移动风潮，一部分雅利安人由中亚进入欧洲，成为欧洲人的祖先；另一部分由中亚向南，成为伊朗人和印度人的祖先。雅利安人与原始澳大利亚人、地中海高加索人截然不同，他们原为白人，皮肤白皙，脸长鼻高，身材高大。雅利安人赶走了土地上的原著民，一些人被赶走，一些人成为奴隶。这个时期，种姓越演越烈，土著居民沦为地位低下的第四等级人，且世袭不变。

人种大迁徙时期，蒙古人也没闲着。蒙古人进入印度后，彪悍的民风和游牧民族不服输的性格，与雅利安人各分天下。尽管种姓等级森严，蒙古人与雅利安人还是产生了不少爱情故事，混血人种中出现了皮肤白皙的蒙古身材人和皮肤较黑的欧洲长相人。这让我想起科钦的homestay老板詹姆斯，一度我曾怀疑他是混血，现在才明白他可能是雅利安人与蒙古人混血的后代。

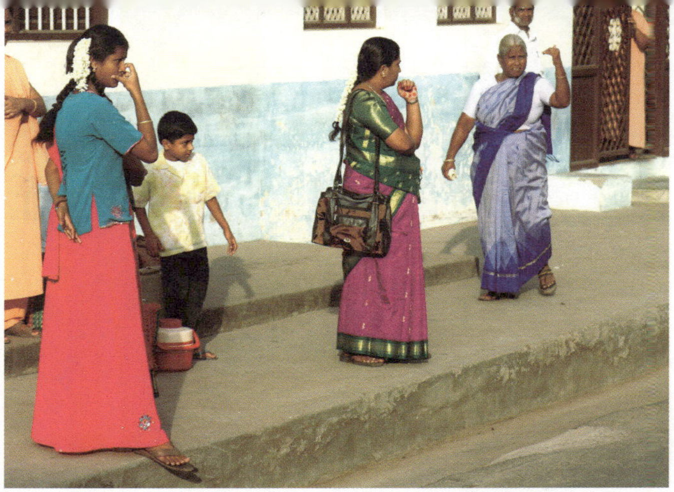

划分社会人群等级的四大等级，就是在各个人种里分出优秀与平凡的血统。那些参与了战争取得胜利的领袖和从事宗教祭祀的僧侣成为两个特权阶级；中产的普通雅利安人则成为第三等级；剩下的原来的土著成为第四等级。对于当权者这种为了迅速统治一个国家而将已有的人群划分等级来稳固其自身社会地位的做法，也许我们会觉得不可思议，但这确实是一种非常有效的政治手段。最重要的是这一切被冠以神的旨意，赋予神的故事，每个等级各自被赋予种姓，世代传袭。不同人种可以混血，但不同等级的阶层之间不可以通婚。

知道了人种和种姓，就对“以貌取人”得心应手了。第四等级的劳苦大众，皮肤黝黑身材娇小，走路总不是那么昂首挺胸。第三等级是坚实的中产力量，大多经商，从事工商农牧等贸易事业，有些钱有些身份。第二等级是集权者，第一等级是婆罗门僧侣。其实每个等级还有更多细分，以我们旅行浮光掠影的态度，永远也无法了解透彻。

我用了很多力气讲述种姓等级阶层这些字眼，因为它们每天都出现在生活中，每一个萍水相逢的人们都带有这些标签出现在眼前，也是慢慢让我明白为什么警察手中没有警棍，而是木棍；实名制火车票为什么将名字贴在车厢外面；贫民窟的百万富翁为什么只是城市童话；《宝莱坞生死恋》中的爱情何以那么凄惨……

从吠陀到甘地，一切终归于平静

总要找机会说说印度的历史和文明，尽量不读导游词。

还记得地中海高加索人所创造的奇迹吗？他们在公元前3000多年已拥有印度河流域文明，叫做哈拉帕文明，文明高度发达和成熟。遭受雅利安人的侵击和驱赶后，以至今不明的原因最终彻底消失，专家们越研究就越找不着北，干脆归类为神秘的文明。如同所有神秘事物会引来无数追随者，哈拉帕文明越来越频繁出现于有关印度文化的话题，于是我们知道了另一个词——吠陀文化。吠陀包括大量各种知识的宗教文献，由于还没有发明文字，人们只能口头编撰世代口传。早期吠陀文化是否和哈拉帕文明有牵连，历史也无从查证，不过可以确认无疑的是雅利安人将这一文化发扬光大，合理运用，产生了最早的印度文化。

吠陀文化干了些什么？它创造了文字梵文，后成为印欧诸语言的关键语种；创建了宗教婆罗门教，后成为印度教，为建立种姓制度付出无限功勋。那些如史诗般存在的诗歌故事，在今天看来只是吠陀文化成功的衍生品。

公元前600年时期，人们对于精神生活的追求非常活跃，出现了各种哲学和宗教流派，佛教和耆那教就产生在该时期。耆那教有独立的信仰和哲学思想，早于佛教产生。有点讽刺的是，耆那教创始人出生于古印度吠舍离一个王族家庭，属刹帝利种姓；佛教创始人出生于同一刹帝利种姓的释迦族。虽然他们都是贵族，但创建的教派都反对婆罗门在印度社会的特权地位。

现在我们所能看到的印度地图版图，辽阔的土地曾被众多邦国各自为据，建立了十六雄国时代。但到公元前332年至前185年，孔雀王朝统一了印度，赶走了盘踞已久的波斯人和希腊人，大量血腥的杀戮催生了强盛的帝国政权，直到阿育王“放下屠刀，立地成佛”。阿育王的伟大在于他的人生顿悟结束了战争时代，推进了佛教在世界的影响，最有名事件当属将佛祖释迦牟尼的舍利子分派至世界各地，建立佛教寺庙，弘扬佛法。

阿育王去世之后，印度又陷入群雄争夺时期，各国分裂外敌入侵，直到公元320年建立了笈多王朝，才统一了北印度，文化得到高度发展，婆罗门教也在这一时期悄然转型为现代印度教。中国名僧法显曾出访笈多王朝，游记中赞扬笈多国王贤明爱国，百姓安居乐业。

如同所有王朝的兴衰史，在公元8世纪至11世纪的几百年间，阿拉伯人进入印度，征服了印度西北部，又在南印度建立了小王国，一切迹象都暗暗表明伊斯兰时期即将到来。

公元11世纪至16世纪是印度历史上辉煌的伊斯兰时期。伊斯兰时期经历了德里苏丹国和莫卧儿帝国，我们会在阿拉格看见莫卧儿帝国最多情的国王为妻子建造的爱情城堡。

虽然最早占据印度的欧洲国家是葡萄牙，但更强大的英国和法国占据了大多利益之地，到了18世纪，英国削弱了法国的存在感，只留给法国几座小殖民城市。这时期的印度就像英国的印钞机，加尔各答简直就是欧亚之间最大加工厂，英国人将鸦片运到加尔各答，加工好了再运到中国，同时将在中国出产的丝绸和瓷器包装好再运至欧洲。

各种剥削，各种冷漠，各种歧视甚至屠杀使忍无可忍的印度人终于醒了，带领印度独立的甘地提倡“非暴力不合作”，促使印度走向独立。英国人想得太多，谋划得太深，几百年以来伊斯兰教与印度教的矛盾仿佛变成最大武器，“蒙巴顿方案”就像狡猾的阴谋家一样出现。根据这个方案，1947年印度分为巴基斯坦和印度两个国家，巴基斯坦由东、西两部分组成，分别称为东巴和西巴。东巴、西巴被印度隔开，相距约2000公里。印巴分治的后遗症导致了印度历史上最惨烈的一幕，印度人将信仰伊斯兰教的人赶去巴基斯坦，巴基斯坦人又赶走信仰印度教的人。用“赶”太文明，太温和，在这个“赶”的过程中，几百万人连夜开始逃亡，据英国作家Richard Symonds的研究说明（《The Making of Pakistan》），即便最保守估计，也有至少50万人在这次冲突中丧生，1200万人无家可归，难民更不计其数。

故事在这里并没有句号。1971年东巴基斯坦脱离巴基斯坦建国，称为孟加拉国。那个无知的方案留下的克什米尔问题至今无法解决，印巴两国之间战火连连。难道英国人用那颗制造宏伟殖民计划的脑袋想不到“蒙巴顿方案”会留下什么吗？答案当然是否定的。如果非要寻找答案，似乎话题就更远了，不妨找那本有名的《货币战争》读读，一切都是钱惹的祸。

几十年又过去了，平静生活才是人们所想要的，浮生尽歇，从吠陀到甘地，一切终将归于平静。

外国女人会唱什么歌

匆匆忙忙等来去孟买的火车，我的南印度旅程似乎要画上句号了。孟买在我看来，既神秘又浪漫，从无数资料中得知这并不是座招人喜欢的城市，但足够混乱、奢靡和浮华。

独身旅行的女性或多或少引人注意，旅行在这时候已进入疲惫期，我斜躺在床上，无精打采地看着车厢里当地人的百态生活。

我的邻居是一对父女和另一个三口之家，父亲陪女儿去孟买看病，三口之家则是返回孟买的家中。车厢里陆续上来很多人，零零散散，大家都默不作声，似乎没什么话题可聊。

三口之家里的小女孩米娜看上去约十岁，性格开朗，一会儿写作业一会儿拿出画本作画，嘴里总是哼哼着调子，大概是因为要回家的缘故，看上去总是开心的笑着。去孟买看医生的女孩苏丝达大概20岁，圆润的脸上丝毫看不出任何病态。我们三人组成有趣的合作小组，玩起纸上游戏，有点像年幼学生时代的游戏，在布满方格的纸上看谁可以最先利用智慧占据最多空间。我们玩了很多种游戏，最后的游戏是按每首歌最后一个尾音接力唱歌，我会的英文歌屈指可数，只好拿中文歌来抵数。

接唱游戏引起了其他人的注意，大家都想知道来自外国的女人会唱些什么样的歌，尤其是来自遥远的中国歌曲。

很多人加入到游戏中，打着拍子轮流唱歌。我在心里不停祈祷别轮到我，因为我已经唱完《我在马路边捡到一分钱》和《娃哈哈》。我装作善意而欣赏的姿态去感受每个人唱的歌，早期印度电影曾在中国大量播放并广为流传，难免有些旋律会有些熟悉。事实上我的善意被当作想要跃跃欲试的自我表现，大家极力邀请我加入音乐会。

我先前还在盘点自己会唱的可怜的几首歌，既要词意良好，节拍高兴还要朗朗上口，情情爱爱缠绵欲泣的流行歌曲完全失去法力。急中生智下，再次回忆起我的小学音乐老师曾在音乐课上不辞辛劳教诸如我这种调皮学生唱的歌。《我们的祖国是花园》、《生产队里养了一群小鸭子》都被派上用场，唱得高兴的时候人们打起了拍子，轻声和音。再唱《娃哈哈》和《双截棍》时，竟有人站起来打起拍子跳起舞。

音乐会拉近了我和其他人的距离，我像他们的家人似的与他们分享水果、甜食或随身带的MP3里的音乐，如果不是车厢空间太窄，我想接下来会有一场盛大的舞会即将开始。

事后不无自嘲地想，那些曾刻意学唱、背唱的流行歌竟在关键时候一首也想不起、唱不出，唯一的解释是人在危急时最可靠的还是儿时得到的初期教育，由此可见童年对人的影响力可以长远到一辈子。

TOURIST INFORMATION
KL 07
B7394

孟买，天堂与地狱同在

充满混乱而愉快气息的孟买，古典庄重又不失邋遢，
在建筑和空间的角力中，泰姬玛哈酒店华丽地胜出，续写孟买的城市传奇。

女子候车室里真实的女人世界

有的受过良好教育气质高贵，

有的出生卑微满脸坚强，

有的一看就知道是长年流浪的女人，走到哪儿歇到哪，长期将女子候车室当作私人用地。

每个人都表现得很有故事，透过她们的穿着气质已能显露不少。

一到孟买，我直奔女子候车室。这是印度政府最值得赞扬的地方，为天下女子辟出清静之地，洗漱休息不用出门一应俱全。

女子候车室24小时都有人值守，凭有效车票进入。我一进门便被拦下，我的车票看来有些问题，去奥兰加巴德的火车是深夜发车，现在还不能进候车室。我装作没听懂的样子，放下大包就开始整理短期内需要换洗的衣物。然后把包背去寄物处存放，这样便可以轻松上路。

背着小包和摄影包走在酷热的孟买街头相当吃力。还没等天黑，我又回到女子候车室，这下可是名正言顺在里面乘凉了。

先是冲凉洗衣，再铺开我的地席躺下补睡，我竟然像当地妇女似的活得无拘无束。

从奥兰加巴德返回孟买后，头等大事便是冲进女子候车室冲凉。守门的老太已认识我，追在身后喊着10卢比。

我不明白为什么要收钱？老太不会英文，我讲的她也不明白，鸡同鸭讲半天还是沟通不了。

老太挥挥手示意我别走，几分钟后她拉来翻译，我才明白因为我的火车票已过期，再进入候车室需要付费了。

其实我早已猜出七八分，但苦于手中卢比已花得精光，连一个子都付不出了。

我只好说，我得去换钱才有钱给，请她看住我的包，我去找银行。

或许是投巧，我不用再背着装有衣物的小包到处走。这下可像得到了自由般的自在，去孟买街头四处乱串。

我很喜欢女子候车室的气氛，只有女人的房间里可以看到更真实的世界。平日里并没有多少机会接触印度女人，反而在这里能接触各个阶层的印度女人。有的受过良好教育气质高贵，有的出生卑微满脸坚强，有的

一看就知道是长年流浪的女人，走到哪儿歇到哪，长期将女子候车室当作私人用地。每个人都表现得很有故事，透过她们的穿着气质已能显露不少。

我在候车室里遇到一个从大吉岭到孟买工作的女孩。最初从外貌看以为是中国人，兴奋地打过招呼才知道大吉岭因与中国比较靠近，因此长相很有中国特色。她带着对前途的无限好奇和担忧，也有对未来的期待，只身闯荡。

我们聊了一会儿，她的朋友赶过来接走了她，我祝福她，看她离开的背影，觉得她不像刚接触过的大多以家庭或家族为生活中心的印度女人，她是为数不多的新兴女性，尽管前途未卜，却在无声中推进印度现代女性独立的进程。

我又是一个人独坐，守门老太走过来伸出手要钱。这次我可学聪明了，因为大吉岭女孩告诉我根本不用付费，老太只是想私下讨要小费。为了不被其他守门老太相继索钱，我决定等离开时才付钱了之。

10卢比是笔很小的数目，但对于平时本没有多少收入的老太而言却是不菲的小费。一旦松口给钱，她们就会执著地一要到底。

等我再回到候车室时，守门老太已换班，原以为她会放弃10卢比，但她不知又从哪里冒出来，看样子是一直在等我出现。我终于还是付了10卢比，为她的执著，也为自己不慎的允诺。

宝来坞，把梦放进最深的心底

时至今日，
印度的婚姻制度仍是家长制。
爱情，
是神话、是童话，
是人生中最难得到的东西。

在孟买，甚至在印度，可以不知道印度门，但没有人不知道《宝来坞生死恋》（*Devedas*）。这部印度电影史上被翻拍次数最多的电影也被列入新世纪影史上最绚丽的三大歌舞片，其他两部分别为《芝加哥》和《红磨坊》。

电影讲述的是门第不同、阶层不同的一对男女得不到爱情的悲剧故事。主角德夫达是地主家的儿子，与青梅竹马的帕萝互相爱慕。无奈两人的社会地位和家庭背景悬殊太大，他们的爱情也遭到世人的讥讽和家人的阻止，德夫达被家人送到英国读书，而帕萝也逐渐长成一位美丽炫目的绝世美女。德夫达与帕萝的重遇使他们重新点燃爱情火花，德夫达向帕萝求婚，但却遭到父母的强烈反对。德夫达父母的傲慢使帕萝母亲备受伤害，使两家彻底失和，德夫达也因此而逐渐动摇内心对真爱的追求。

当德夫达重新追求帕萝时，帕萝嘲笑他当初的懦弱，两人之间也产生了巨大的隔阂。帕萝被迫嫁入豪门当续弦，德夫达自此开始自暴自弃，混迹声色场所，结识了名叫婵佐穆琪的妓女。婵佐穆琪倾心爱上德夫达，但德夫达却无法忘记帕萝。长年的相思成灾使德夫达身心备受摧残，临死前德夫达跋山涉水到达帕萝的夫家，呼喊帕萝以求见上最后一面。而帕萝的夫家对此感受莫大耻辱，禁止帕萝出门相见。最终，隔着高墙深院，德夫达闭上了双眼，而帕萝的爱情也随之烟消云散。

故事的确老套，但却深得印度民众欢迎，无论哪个版本的《宝来坞生死恋》放映时都可以获得万人空巷争相观看的盛况，男人女人们都在影院洒下热泪，为电影中男女主角的爱情哀悼，也为自己不能自由选择爱情而哭泣。

时至今日，印度的婚姻制度仍是家长制。爱情对于他们而言，是神话、是童话，是人生中最难得到的东西。

多次路过孟买的电影院，站在电影院外犹豫着是否该买票观看一场，都被善意地提醒打住。苏丝达曾提醒我，单身女子从来不进电影院看电影，因为在黑漆漆的环境下很容易被骚扰。仔细观察，看电影的多半是结伴而来，的确没有单独看电影的人出现。

可我一直对宝来坞心存幻想，一度打听怎么才能去宝来坞电影基地。

宝来坞（Bollywood）是亚洲最大的电影基地，每年的电影产量与美国好来坞不相上下，但宝来坞出产的电影大多数只在本国上映，而印度人似乎也只钟情本国电影，大多电影院外的宣传海报都是本国电影，很少看见外国电影。

宝来坞的电影有很多套路，男女追求爱情、英雄救美、俊男靓女和载歌载舞，每部电影都齐备这些因素，且放大到极致，各种美女加服饰美轮美奂，媲美每个参加世界选美的印度小姐，甚至还有过之而无不及；帅哥举手投足迷倒众生，忧郁时恨不能把天都给哭塌，玩酷时连海都会嫉妒得发狂，深情时就不用提了，男人也招架不住。

参观宝来坞电影基地必须要事先和电影公司联系，得到允许才可以进入。我试着打电影公司的电话，理所当然地被婉言谢绝。不甘心地又去宝来坞咖啡店碰运气，不起眼的小店是临时演员天堂，没事坐着就会有星探上来搭讪。咱不在乎那盒饭，但深受《演员的自我修养》影响，斯坦尼斯拉夫斯基也许做梦也没想到他的书会在另一个国家被捧为闲读佳物。

几十卢比的咖啡喝完还可以免费续杯，也没有星探发现一心想当临时演员的我以何等专业的姿态在等待被发掘。隔壁桌几个人高马壮的西洋人已先后拍戏去了，只剩下孤零零的我……幸好后几年在泰国某海岛巧遇宝来坞剧组，围观时被拉去凑人头，混在人群中学了段电影中的即兴舞，体验了回载歌载舞的印度电影制作——男女主角在沙滩上走着走着，一帮路人根据剧情突然跳舞，男女主角的舞蹈更有语言表达力，路人舞纯粹是打酱油舞。前后跟拍一个多小时，也不知后来有没有在电影中露过脸，那段手脚张扬的舞亦忘记了，但时常想起这段经历，是为乐趣。

其实提起印度电影，难免想起有关印度题材的《贫民窟的百万富翁》。我一直想找机会讲这部电影。

电视猜谜节目《谁想成为百万富翁》参与者，游手好闲来自社会底层的孟买男孩杰玛在已经赢得1000万卢比的情况下被警方以欺诈罪逮捕，严刑拷问下杰玛说出他获得1000万卢比（相当于100万英镑）的真相，答案就在他从小到大的生活经历中。出身贫民窟的杰玛年幼就生活艰苦，他与哥哥沙里姆、少女拉卡三人却一起经历了几十年印度的变迁。之前每一个问题，都好像是杰玛的记忆碎片，牵动他关于亲情、爱情与人生的回忆。没有人相信来自贫民窟的男孩会知道所有问题的答案，杰玛一方面要洗清自己的犯罪嫌疑，一方面要拯救已沦入风尘的拉卡。在金钱与爱、诚信与欺骗之前，杰玛要作出选择。

这个发生在孟买的故事，真实冷酷不悲情，还充满希望——无论你有多卑微，生活得多低贱，这个世界仍有机会让你成为百万富翁。如果非要归纳，就是贫穷、人性和爱情，也许这种话题还会被讨论1万年，但《贫民窟的百万富翁》让我看到电影之外的用意，那些贫民孩子，真实地生活在棚户区，即使成名后依然还在底层，为吃饭读书穿衣发愁。更可笑的是，贫穷成为了风景，人们向你展示他有多穷，破衣烂衫，朝不保夕，给你机会挥散心底的善念，惊悟对自己的厌恶。

速读知晓印度历史的电影非《阿育王》莫属，俊男靓女用爱情来讲历史。作为古印度历史上最强大的孔雀王朝的王子，阿育王自小受到同父异母兄弟的嫉恨，在母亲的苦苦劝说下，阿育王离开了险恶的皇宫，开始了自己苦行僧式的云游生涯。在路上，阿育王遇到了自己的梦中情人，一位同样因宫廷之变流离失所的公主卡瓦奇，自称帕万的阿育王成为公主的护花使者，在历经无数艰难险阻后，阿育王和卡瓦奇之间萌发出真挚的爱情，可就在两人即将缘定终身的时候，母亲病重的消息使阿育王不得不离开卡瓦奇，踏上归国路途。当阿育王满怀喜悦地回来与爱人重会时，得知公主早已惨死在兵乱之中的噩耗，残酷的打击使得阿育王心灰意冷，不久来自宫廷的暗害也使他身负重伤。在疗伤的过程中，阿育王遇到了感情上第二次巨大冲击，一位美丽善良的姑娘为了保护阿育王，在新婚之夜失手杀死了刺客，沾满鲜血的双手使得她成为了人见人恶的不祥之物，阿育王为报答救命之恩决定娶她为妻。与此同时，侥幸逃生的卡瓦奇公主仍在人海中苦苦寻找那位名叫帕万的年轻武士。

婚后不久王妃怀孕，政敌开始谋划除掉王妃肚中生命；阿育王的母亲在这场阴谋中也不幸遇害。愤怒与仇恨改变了阿育王，为了复仇，他亲手杀死自己的兄弟，登上皇位，为了发泄怒火，阿育王率领大军南征北讨，军队所到之处生灵涂炭，阿育王用沾满鲜血的双手建立了供历史见证的丰功伟业，同时也使得自己成为了一个不折不扣的暴君，众叛亲离。更为可悲的是，昔日刻骨铭心的恋人竟与自己在战场上兵戎相见，战争的胜利让阿育王得到了一切，也失去了一切。心灰意冷的阿育王看透红尘，出家为僧，结束了自己对孔雀王朝的统治。

看吧，史诗电影里的爱情也催人泪下缠绵悱恻，真是“翻越十万座大山只为追寻你的气息，当你真实地站在我面前时，我却不悲不喜不怨也不爱”。

宝莱坞的好电影就是这样，把一个故事里塞进漂亮的人儿，好看的故事，绝妙的歌舞，如一场恰到好处的梦，醒来时也会意犹未尽，自觉美好。多看电影，多做些美梦。

只是这个世界很现实，不单纯的我们，只能把梦放在最深的心底，再揣着它隐身前行，待到某一天，再把小小的梦拿出来大放异彩。

印度门，
穿越辉煌的过往与现在

淹没在辉煌的凯旋门阴影下，印度门从没有蜚声国际。
一座在德里，一座在孟买，
一座为庆祝印度解放而建，一座为纪念殖民史而建。

我要去的是孟买印度门。

用狄安娜·阿格雷斯的观点，每座建筑都有其隐藏的性别，印度门就是典型的女性建筑。我看到阿拉伯海的孟买湾，看到印度门，在微妙中饶有趣味中认定孟买就是座柔软的女性城市。

1911年印度仍在英国殖民统治下，大英帝国国王乔治五世为了彰显帝国地位，巡视各地殖民国，印度算是最重要的一站。为了迎接尊贵的国王与王后，当时的殖民政府没少费周章，最终选择在孟买的阿波罗码头，面对孟买湾，建一座吉特拉式建筑，外形仿造法国凯旋门，装饰上融合印度文化与波斯文化。乔治五世和玛丽王后将从拱门下通过，表示孟买是印度的门户，走过此路即表示英国开启了印度之门。可以想象，当时这场盛典何其壮观华丽，印度人又是以何等五味杂陈的心情参与这场欢迎盛典。更耐人寻味的是，三十多年后印度独立时，最后一支英国殖民军也是从印度门通过，从此彻底离开，扔下个烂摊子给独立后的印度，骄傲地扬长而去……用点阴谋论思路想，英国人是不是非要这么“做派”——是我建的，由我开始的，也得由我结束？

这种“做派”印度人学会七八分。德里印度门建在印度独立之后，仍是凯旋门的外形，吉特拉式建筑风格，纪念的是为印度解放牺牲的战士们，象征印度人民从此以后的独立自主。不知道在举行庆祝仪式时，当时就任的第一任总理贾瓦哈拉尔·尼赫鲁是否率领队伍通过德里印度门，但这道门的存在意义早已超越初建时的深意，成为德里贫民窟与富人区的划分界限。

说回孟买这座门。整天吵吵嚷嚷来自世界各地和印度各地的游客出现在这里，望向孟买湾，拍张纪念照，转一圈，再远眺下泰姬玛哈酒店，感叹下城市辉煌的过往与现在。

我怎么也挥不去那些在报纸杂志上读到有关孟买的豪言壮语。2002年时任印度财政部长的莫曼汉·辛格誓言要让孟买在五年内超越上海，让“世界忘记上海而谈论孟买”。 莫曼汉·辛格的话后来确实被证实，但却是五年内连续几次爆炸案，让孟买数次跳跃在国际各大媒体头条。我在孟买时，并未遇见任何恐怖事件，因而怀着异常有趣的心情去审视城市的每座建筑和每个人。

孟买仍如先前旅行路过的一些城市般，脏乱差。商业区高耸的殖民时期建筑，分辨不清哪座是图书馆，哪座是博物馆或哪座是法院，三角街心口的花神喷泉（flora fountain）典雅地透出中世纪以来的文艺复兴气质。突然间，会觉得孟买很好，保存了大量、甚至数之不尽的文艺复兴时期的艺术建筑，骄傲地呈现这座城市的历史、时间与现在，不觉得有负担，迈着大步向前走。

我再次怀着复杂有趣的心情，走近印度门。抬头看，整座建筑其实有八座门，其中南北走向的两座门是没有波斯风格装饰的裸门，其他六座门用繁复手法处理，且半拱门形状更小。换种说法，印度门四通八达，大门小门东南西北应有尽有，建造者在某种意义上存了些小心思，做了点小动作，用艺术手法默默地表达对殖民文化的抗争。尽管这些有意义的改动在今天看来已被隐没，是否在当时仍鼓舞了很大一部分心怀理想的人呢？

走过半拱门，孟买湾的惊涛骇浪就在眼前，几个调皮孩子在眼前充满表演欲地玩着跳水，往回退几步，再拼命向前跑，以跃起的姿态跳进大海，乐此不疲。写这些文字的时候，正好在网上看到《孟买镜报》的视频广告，在孟买最大市政办公厅，官员正悠闲地看报喝茶，一群来自贫民窟的孩子站在他们面前，举着扩音器，大声质问：“我们睡的床，比这桌子还要小！我们一周只能吃两次东西！我们吃饭的地方就是我们拉屎的地方！我是孟买……”广告词是“我是孟买”。

突然觉得，孟买在某些地方或许早已超越。突然看到，印度门的那条路即将通去哪里。

在印度门前的码头玩耍的孩子，勇敢地向前一跃跳进大海。

泰姬玛哈酒店，华丽的奢侈，梦幻的城堡。这是一座城市穿越时空和地理的标志，就算再过几百年，她依然是孟买最华丽的奢侈。如同沙里宁曾说过，寻找就像一本打开的书，从中能看到一座城市的抱负。

泰姬玛哈酒店，最奢侈的美梦

泰姬玛哈是莫卧儿王朝第五代皇帝爱妃的尊称，伟大的泰姬陵即是为她所建。虽然泰姬玛哈酒店与这位皇妃跨越时代毫不相干，但承载的却是建造者对孟买这座城市深沉的爱意。

印度有家百年企业，背景浑厚的垄断企业，每个人都有机会亲身体验他家产品——塔塔集团。这家企业成立于1868年，总部设在孟买，翻读资料会发现其实他们早已涉足各个行业，钢铁、汽车、电力、饮料、通信和酒店。换句话说，在印度，其实就是乘他家飞机，坐他家的车，用他家的电，打他家的电话，品他家的茶，喝他家的水，最后住他家的店。

这家1903年底落成的酒店，是塔塔集团创始人贾姆谢特吉·塔塔的辉煌之作。他在终年之前亲眼看见如梦幻般存在的城堡，并用梦幻爱情故事的女主角来命名，即泰姬玛哈酒店。

塔塔早年发迹史就此带过，虽已贵为印度首富，当时被英国殖民的大环境让他一直渴望去欧洲游历。一天傍晚，他到欧洲一家酒店投宿，没想到酒店管理员看他是印度人，马上挥手让他出去。塔塔怀揣巨额支票，却仍遭遇歧视。走出酒店，心里翻江倒海，不得不在街边找了间破旧的小旅馆勉强一夜。别搬出有钱都不赚那套歪理，在某些人看来，人种更不容忍耐。这种令人鄙夷的优越感时至今日仍存在。幸好塔塔的故事相当正向力量。这个晚上，他暗下决心要建一家不亚于世界上任何高档酒店的奢华酒店。回国后他重金聘请欧洲建筑师进行设计，不惜工本，只为打造华丽的奢侈。1905年，著名记者G.A.Mathews站在酒店前，感叹赞扬："她是那么宏大、奢华以至于刚开始时我都有些窒息了。"直到今天，这家酒店仍是世界十大酒店之一。

泰姬玛哈酒店的外形会给我种错觉，繁杂重复的设计引导我想起意大利建筑和洛可可风格。查了资料才知道，这幢世界风建筑融汇了拉其普特风格、伊斯兰摩尔风格，英式爱德华风格、欧式佛罗伦斯风格等风格，看似矛盾却如天合之作。酒店内华丽奢侈的装饰设计，各种艺术珍品配衬出整座酒店的高雅品位，拱廊与扶梯无不散发出典雅庄重，就连透进室内的阳光也顷刻间仿佛有了迷人的香气。为了避免咸湿的海风影响客人的舒适感，整幢建筑的朝向是奇妙的"U"字形，即便海风侵袭城市的每个角落，却会在港湾前的这幢建筑前拐个弯，变得温柔而和煦。

说了这么多，该如数家珍般说说到底有多少名人慕名而来了。这里曾举办过几次盛大的国宴，招待来访的英国国王，不少亲王、公爵、球星、文学家和艺术家都曾在这里得到过奢华的款待。英国著名作家Aldous Huxley曾提笔赞叹道："宏伟的泰姬酒店兼具了伦敦南肯辛顿建筑与印度亭台的风格，富有国际化气质。"

久受盛名总会带来危险。2008年11月，孟买连环恐怖袭击中，泰姬玛哈酒店遭遇重创，大概有450人待在被恐怖分子占领的泰姬玛哈酒店……直到第二年，泰姬玛哈酒店才缓过气来重新开业。

回想在孟买时，由于预算有限，好几次打算忍痛住下，终究又被理智打败。当在新闻上读到这些消息时，心底不禁一阵绞痛，就如那么高贵典雅的妇人，遭遇流氓的亵渎，内心怒吼一声：亲，你毁了我容忍傻逼的能力。

幸而被炸弹毁坏的建筑已然修复，泰姬玛哈酒店重新开业，近1000美元一晚的房价依然像挂在遥远天空的理想那么高，依然觉得还是说服不了自己的消费观，只能心戚戚地思念曾见过她的各种美。

印度厨师的中国菜

在去巴克湾（Back Bay）的路上，看见一家打着中文招牌的餐馆——金陵酒家。

已有半月没有说过母语的我，有望梅止渴的惊喜。绕过人行道，走进金陵酒家，看见红灯笼、中式窗门，心里有说不出的愉快。

“哈，终于找到能讲中文的地方！”我一坐下就对侍者高兴地说着。

然而没有回音。

“你能讲中文吗？”有点被泼冷水的扫兴，我用英文再问。

“一点点。”侍者回答。

我翻开菜单，很高兴地浏览，尽管没有一道中文菜名，但读英文也能猜出七八。久违的胃开始造反，抗议着想吃辣菜。

“你这儿有水煮肉片吗？”这是四川名菜啊，而且简单易做。

“水肉片？”

“不是，是水煮肉片。你可以去问下厨师。”我想，中餐馆必定是中国厨师，中国厨师哪有不知道这道名菜的理儿啊。

一会儿，侍者回来了，说，“不好意思，厨师不知道这道菜。”

我的头开始晕眩，不知道该怎么办。

“或许，我可以让厨师试着做这道菜。就是把肉片加进水里煮吗？”

我开始出现头痛的症状，或许是走路被晒得太多的后遗症。

“我还是点鱼香肉丝吧。”

侍者又进厨房里，很快又带着遗憾的表情出来：“对不起，没有鱼香肉丝。”

我想，我的要求太高了，在印度吃中餐，简直有点痴人说梦了。

“肉，不加咖喱，加辣椒。”我合上菜谱，不想再去苦猜那些英文字后到底是哪款中国菜。

侍者很快记录下来，我突然意识到什么。

“厨师是哪里人啊？”

“印度人。”

我的头痛越来越严重，印度式中国菜？不敢想象，难以想象。于是，我再问。

“你是华人吗？”

“我爸爸的爸爸是华人。”侍者回答。

“那你知道这附近哪里还有中国厨师的餐馆吗？”

“孟买没有，或许德里会有，也或许印度都没有。”

“那印度厨师做的中国菜好吃吗？”

“一般般，我们主要招待印度客人，比较适合他们的口味。”

看，原来如此。果然是印度式中国菜，把辣椒、花椒都换成咖喱，我怎么也不想吃清水煮白菜，再淋上黄绿色咖喱，或者吃跟皮筋一样的肉，弄得牙齿塞满肉屑。只好起身很抱歉地告辞，告诉他们我打算去吃麦当劳了。

印度版扬州炒饭

在麦当劳，我点了套餐，打开一看，黄咖喱的鸡腿肉夹在白色沙拉里，已饿得难过的胃顾不了那么多，也早已忘记曾一度梦想吃到水煮肉片的贪欲，狼吞虎咽地扫荡了眼前的速食垃圾食品。

回国后，和一些在孟买呆过的朋友聊天，大家都很共识地认为在印度几乎找不到地道的中餐馆，提到金陵酒店时，才知道是孟买屈指可数的几家正牌中餐馆。我又多了层遗憾，没能坐下来鼓起勇气品尝印度式中国菜。

这座城市包容下匆忙的时间

孟买有一场视觉盛宴，与梦工厂无关。不需要搭十几个小时飞机去欧洲见识那些辉煌巨作的宏伟建筑，孟买已用三百多年时间准备好教科书般的“建筑概论学”，通俗直白的叫人明白什么是文艺复兴，什么是维多利亚风格，为什么建筑是凝固的力量和流动的艺术。

孟买起初是由七个小岛组成的一组群岛，阿育王、希尔哈拉王朝和古吉拉特王朝都曾统治过这里，也创造了悠久古老的文化，直到1534年葡萄牙人开着大船从海上而来。葡萄牙人估计是从来没认真估量过孟买的价值，几十年后又将孟买作为葡萄牙公主嫁给英国国王的嫁妆转赠给英国，英国人拿着这几个印度洋畔的土地动了心思，不顾一切建立英国东印度公司，造了深水海港，成为英国人开创海外殖民市场的第一个停泊港口，人口增长经济发展，孟买越来越大也越有名气，被殖民一百多年后，东印度公司干脆把公司总部移到孟买，自此开始孟买的城市传奇。为了增加土地，开始了史上有名的“霍恩比填海工程”，将所有群岛连成陆地，大量建设公用设施和各种机构驻孟买的建筑物。被殖民几百年后，印度人还是选择了用脚投票，在孟买开始了风风火火的印度独立运动，庆幸的是在流血骚乱中没有伤及建筑。时至今日，孟买已是印度最发达的城市之一，大规模现代城市建设并不影响老建筑的生存空间，无论是被废弃的或是用处不大的都被保留了下来，才让后来人得见一座有故事的城市。

孟买最值得赞赏的建筑莫过于仍在使用的维多利亚火车站，建于1887年，由当时英国著名的设计师威廉姆·史蒂芬设计，就是

为向当时的英国女王生日献礼。尽管这个马屁拍得太远，甚至女王终身都不曾有机会看一眼，但这座布满精美宏伟的石雕的典型而完美的哥特式建筑，以一种卓越且神秘的崇高感压倒一切建筑，高耸在孟买市中心，仿佛在告诉世人文艺复兴的力量有多强烈、多浪漫。

我曾在维多利亚火车站的女子候车室呆过几天，冲凉、过夜、等车；曾在站台咖啡亭买咖啡吃面包；还借着BBC在站台内拍片偷了个影；也在闲得没事时围着这座大物转了好几圈。站在庞大的建筑面前，竟让我想到，英国人把殖民来的钱又用在建筑上，成本投入也不菲啊。而这座由英国人建造的火车站，在2004年被列为世界文化遗产，至今仍是孟买最繁忙的火车站——到底是印度人太笨，不知道把这么好的旅游资源围起来收门票呢，还是印度人太执著只知道专物专用？答案显而易见，印度人并不像传说中那么急功近利，他们爱城市的根，不管这个根是谁带来的。

我经常爱追问故乡在哪里，可故地重游，故乡却不是记忆中的那个了。午夜梦回时去的故乡，竟是儿时生活过的大杂院，长长的巷子和深深的池塘，还有一棵我永远爬不上去的大树，它们在我十多岁时忽然一夜间全消失了，我曾偷偷跑回去站在废墟上看一砖一瓦，心底有说不出的失落和伤感，拆房的工人以为我是来捡旧物的，摊开手说随便拿，我弱弱地说这是我的家，换来他们一阵沉默。自此之后，我像没有家的孩子，住进高层建筑，有小区花园、游泳池和电梯，却从来不觉得是自己的家。十多岁的孩子，其实早将家和故乡绑在一起，在家没有的霎时，故乡也跟着走远了。再后来，我明白故乡不只是家，还有亲人，有亲人在的地方也是故乡。此刻，我羡慕孟买人，嫉妒孟买人。

另一座藏在高楼之间的天蓝色建筑Keneseth Eliyahoo Synagogue，是仍被使用的犹太教堂，虽然孟买信仰犹太教的人不足五千，但教堂仍按传统保持原样。令人难以置信的是，孟买包容了七种宗教信仰，除了佛教、印度教、伊斯兰教、基督教和犹太教之外，孟买西部仍保存着耆那教的精美寺庙，古老到起源时间比佛教都早。真实存在的拜火教，仍奉行天葬习俗，天葬台也在隐秘的孟买西部。

还有一座常被人谈起的建筑威尔士王子博物馆，1914年落成，由英国设计师设计的16世纪穆斯林风格混搭欧洲文艺复兴时期建筑风格的穹顶，宏伟的外观加上最丰富的馆藏，当然是印度第一大博物馆，而中国陈列馆有不少孤品珍品，堪称无价，当然也要不回来了……

还有印度教石窟的象岛石窟群、新建旅游商业街和仿英国大学而建的孟买大学，不同建筑都有不同的故事，或传说于历史，或存在于现实，这座城市包容下匆忙的时间、沉默的建筑和开始了解孟买的我。

孤寂的午后，是教堂收留了我

在拥挤纷乱的孟买街头，满眼杂乱无序的小贩占道摆摊，落荫的树下总是挤满歇脚的路人，绕了很多条街道，我才找到圣托玛斯教堂。

我对教堂总有莫名的好感，一如年幼时曾被妈妈带去教堂聆听礼拜，柔和平缓的歌声响彻屋顶，我呆在妈妈身边，妈妈微闭双眼低声背诵《玫瑰经》，我感觉整座教堂的人都半跪着，唯独我无知无畏地站在人群中。

这份无知无畏伴随了我很多年，最终被我狠狠丢弃。在印度旅行，有很多机会面对教堂，是迷人景点也是伟大建筑。当我有机会站在教堂面前，心情多了份庄重和严肃，那些儿时就在耳边被母亲不停念起的祈祷词，此时也在我的心里神奇般再现。

很多次，教堂都收留了我。当我迷茫、无聊、不安时，我会以一个迷路者的身份走近教堂。

事先并不知道孟买有座圣托玛斯教堂，其他欧洲风格的建筑早已为人所知，圣托玛斯教堂几乎是游客很少涉足的地方。当我在地图上发现它时，介绍词中“最早的英式风格建筑”吸引了我。

午饭找好的餐馆正好在教堂附近，又距酒店很远，地道的孟买手抓饭差点让我当时饱翻，就算太阳毒辣，我还是选择走走消食路。也许是天意，教堂似乎在靠近我，又也许是我选择了走近它。

很容易就找到圣托玛斯教堂。教堂门前有守护的警卫，我指指教堂，他示意可以进入。

或许是正午的原因，教堂空无一人，我坐在最后一排的靠椅上，卸下重达7公斤的摄影包，总算松了一口气。

很多次想就地扔掉摄影背包，无数次后悔带了那么重的摄影器材，累得想昏倒一下的时候总嫌摄影包带给我的不安全感。这时候，摄影包终于可以离开我一会儿，让我“身轻如燕”般放松。

有机会慢慢欣赏已几百年高龄的建筑。优雅的维罗利亚时期拜占庭风格，仿佛能透过建筑看到华贵高尚的罗马史诗篇章就在眼前展开。

从1672年初建到1718年再建，这期间经历的故事无法得知，其实也并非真正关心。比起那些又多又全的背景资料，我宁可关注当下我与建筑之间的沟通。

圣托玛斯教堂里有很多壁雕和玻璃彩画，壁雕内容与宗教有关，是忠诚信仰的信徒捐赠的，以自我祈福的圣品。玻璃彩画则是《圣经》故事和主要人物。虽赏心悦目，无奈慧根尚浅，没看到五分钟，眼皮子就开始打架，午后的疲倦感汹涌而至。选择盛夏去印度旅行是件苦差，气温随时可以升到40℃以上，每天新闻都在报道路有热死骨，随身携带的人丹和藿香正气丸成了每天的加餐，有时热得够呛，搭条毛巾在肩上还被认作了日本人。炎炎夏季到印度就是选择了最坏的旅行季节，再加上环境、饮食和生活习惯的不同，每天的日程即便没什么内容，也容易感觉倦怠。

坐在空旷的教堂里，高高的铁制大吊扇"呜呜"地转动，阵阵清风徐徐而来，清凉气息扑倒了我，仿佛置身干净清新又安静的地方，我坐在祷告椅上，很快就耷着头半睡半醒了。

尽管我多次因毒辣的太阳而四处寻找寺庙或教堂，将它们当作避护场所，但从未试着独自在某处睡着。我像满身长出长刺的动物，闭着眼睛还警惕着四周的动静，一方面真想能小睡一会儿，一方面又担心在这种场合睡觉是亵渎行为，一方面又祈祷还有力气支撑自己结束旅行。看来是真够忙的了，但迷迷糊糊时睡时醒间也待了一个多小时。

奇怪的是，只是短短1小时，却给我留下很深的印象。当时涌上心间的倦意，释放出来的迷茫，卸去防备为自己祈祷的真诚，各种情绪在毫无预备的情况下突然到访，令我看到那个未知的自己，无助的自己。

离开时，我借用了教堂的卫生间，在里面冲了个凉。收拾好自己，又投身热浪般的街头。下一站，是去敬仰已久的奥兰加巴德石窟。

石窟下，隐藏着看不见的阶层

当社会指导层想要做什么事时，这件事一定会做得辉煌壮丽。

奥兰加巴德只是座小镇，从火车站走出去五分钟就走到小镇尽头。令人奇怪的是小镇没有多少游客，但凡有新面孔出现时总抱以好奇、敬仰的态度。从孟买去奥兰加巴德的火车不外乎那几趟，我赶上了凌晨到站的时间，刚走出站台看到黑夜中空无一人的街道，心里发毛地又转回火车站，找到女子候车室，打算呆到天亮再出街。因为小镇太小，没有候车的人，女子候车室就只有孤单的我，刚坐下几分钟就想睡觉，头和身体东倒西歪。看看时间还早，索性抱着摄影包呼呼大睡，说是睡其实也半醒，隐约中总觉得有人走近又走开……原来是站台工作人员来看我是否生病或需要帮忙，他干脆坐在门外一直守着。天亮了走出女子候车室，对一直守护的工作人员疲倦地笑笑，说了声“谢谢”。外国人的安全远高于本国人，这点倒是与我们相同。

外国人地位之高有点出乎我的意料。不知什么原因我突然出现过敏症状，行李和药包都存在孟买，忽匆匆去奥兰加巴德火车站，问有没有立刻能返回孟买的火车票。临时买票几乎是不可能有票的，更何况窗口还排着长队。售票员只叫我在一旁等候，又邀请我进他的办公室，十多分钟后告诉我有头等舱和一等舱，眼露难色的说票价蛮贵，一夜的空调软卧车票大约200元人民币。我对这么“贵”的票价想笑，又不得不控制住这种优越感。不得不说某些时候这种优越感很迷人，又很可悲。

其实奥兰加巴德对所有人而言都只是中转，人们要去的是四周的几处石窟，看与小镇完全不同的另一个世界，一千多年前的社会指导层的壮举。当我看到“社会指导层 ”这个词时，觉得这五个字的力量强大又立体，那是隐藏的看不见的阶层，左右我们生活的人，就像被神权赋予的力量，他们做出的决定无法反抗，还将我们变得甘于接受。一千多年前的社会指导层，现在已可以任我们评说，历史书和历史剧从来都不够客观但绝对刻薄，就算看不清浓雾后的真相，但也能了解一二。

建造石窟为了什么？在种族大于权力的国家，答案在孔雀王朝的阿育王那里。当阿育王“放下屠刀，立地成佛”时，注定一个佛法时代的开始，林承节老师所著《印度史》书中描述道：“孔雀王朝的阿育王深谋远虑，利用佛教，安抚民心。”阿育王曾说，战争带给人民大量死亡和伤害使他感到痛苦和悔恨，他决定不再使用暴力并皈依佛教，他认为从佛教教义中找到了抚平自己负罪心灵的最好手段，这样做也是为了满足人民的愿望。阿育王大量修建佛塔佛寺石窟，亲自去各地巡礼佛迹，并派使者去各国传教。阿育王采取的政策使孔雀帝国维持了130多年。

每一个社会指导层其实都是如此赤裸裸的功利，无论他是否伟大或有着丰功伟绩。因佛法昌盛，大量兴建的佛窟佛寺中，奥兰加巴德的石窟无疑跨越了时间和时代，从公元前的孔雀王朝延续到公元6世纪的笈多王朝，另一个佛教盛行时代，记录的不只是信仰和佛法，还有人们生活中的艺术，艺术中的生活。

“佛教在印度曾盛极一时，但它没有能够成为印度社会的统治思想，也没有更广泛地影响人民群众的社会生活。它的势力有源远流长的传统势力，但不是正统；它有一定的信仰群众，但不占多数；它统称为佛教，但又有许多分支流派，比如大乘佛教、小乘佛教和藏传佛教。”《印度佛教史》的作者英国人渥德尔用客观角度讲述了佛教从兴盛到衰亡的过程，让人明白了为什么佛教发源地的人们却只是将佛教圣地当作风景胜地。

奥兰加巴德的石窟在公元8世纪被废弃后，慢慢地被杂草和丛林所覆盖，人们乐于忘记这些曾创造了辉煌影响了世界的石窟，甚至连史书上记载的内容也被刻意抹掉，否则英国人可能在一踏入印度大地时就会想方设法为大英博物馆增加馆藏了。公元1819年，还是英国人，一名军官以为自己是武松再世，敢和老虎对决，被老虎追得连滚带爬逃进深山密林，躲在河谷中的军官准备开枪进行最后对决时，眼光一角瞥见被苍天大树遮盖住的角落，隐约看见精美的雕刻，自此隐藏近一千年的石窟又重回世界。军官先生浑然忘记了老虎的存在，爬上石窟刻上自己的名字“史密斯”，宣示主权……后来怎么样，谁也不知道，世人如何评价也不重要，名不见经传的小人物史密斯从此被写进历史，沾了谁的光路人皆知……我有点酸溜溜，如果要按史密斯军官的玩法，玄奘大师一路上得创造多少奇迹啊，郑和大人岂不是漂过半个地球，张骞老师一出门还有中东什么事啊。殖民这事，从历史到现在，就西方人玩过，还玩得不亦乐乎，乐此不疲，到如今都还有英属地法属地美属地，咱啥也没干成，还落个“威胁说”，这事拨弄的，该怪谁不怀好心来着？

资料

世界遗产委员会的评价报告描述道：阿旃陀佛教石窟遗址始建于公元前2至1世纪，公元5至6世纪的笈多时期，又大规模扩建、修饰，增加了很多更加绚丽多彩的石窟。现存30窟（包括1未完成窟）。从东到西长550米，全部开凿在离地面10～30米不等的崖面上。除5窟（即第9、第10、第19、第26、第29窟）为供信徒礼拜的支提窟外，余皆为僧房。阿旃陀以其壁画艺术著称于世。由于洞窟开凿年代分属三个不同时期，所存16窟壁画亦呈现出三种不同风格。第9、第10窟壁画涉及佛教的小乘形式。绘制于公元前后，以本生故事为主。佛教认为，佛陀是已入涅槃、彻底摆脱业报轮回的圣人，是不能再生的，所以多以象征性手法来表现，如法轮、莲花、小白象等。第16、第17窟为第二期壁画，绘制于6世纪左右。以人像和建筑图案的配合为特色，构图富于变化，线条流畅，笔法洗练，色彩绚丽，内容多为佛教宣传。第1、第2窟为第三期壁画，约绘制于7世纪。

我大概准备了些想法才去的奥兰加巴德。对建筑和石头白痴般的爱好，决定了我就算没什么知识储备，也敢千里迢迢去阿旃陀石窟。

两小时的硬木板老式公交车，长椅座位的邻座一直空着，当地人宁可站在过道也不肯坐下来倒成全了我摊条腿宽松地瞌睡。睡一觉就到了，再走一小段山路就能看见干涸的河谷和风化后炭色的石窟，700年的时间就在眼前展开。想象那些曾经坐在角落禅悟的僧人，我也找了块凉凉的地坐下来，透过时空感受1000年的隐没和700年的辉煌。缺少浪漫细胞的我，坐着坐着睡意就来了，刚想躲在角落打个盹，景区管理员走过来，用英文说，不能睡觉，不能拍照——看来，想在这里睡觉的不止我一人。

走出洞窟又是另一片天，正在感叹工匠的神工和宗教无形的力量，几个打扮入时的当地人向我打招呼，问我能不能拍照。不是头一回遭遇合影要求，我笑笑答应，坐在石凳上，依次照相留影，对方也不问我的国籍姓名，单纯到只想和老外拍张照……很久以后我才明白为什么，这是后话。

赞美诗的背面，是贫穷的风景

这是有关孟买赞美诗的背面，
亚洲最大的贫民窟，
人们活着只是苟延残喘，
贫穷成为了一种风景。

孟买火车站的拥挤与混乱大概在世界首屈一指，万民众生都能在此找到缩影。每次路过大厅，都担心脚下会踩着睡在地上的人们，座位上早已挤满人，地上也没有多少空地可容纳什么人了。

混乱总是息息相关，混乱也是有序可查的。火车站前是贫民最集中的地方，那里混乱到什么程度，只需要了解几个片断即可。

清晨，在到达孟买火车站之前，有段长长的缓慢的行程，掀开窗帘，坐在有空调的车厢里还能感觉到阵阵凉意，车外早已热火盈天，人们开始了新一天的旅程。棚户区的人们的生活条件可想而知，有块遮顶的棚已很知足，至于厕所、洗浴这些问题便露天化了。沿着铁路线，男人们脱下裤子蹲在土坡上，正面或背面对着人，若无其事地解决生理问题……无数白屁股像一张挥舞着欢迎词的双手迎接所有进入孟买的人们，壮观得似模似样，悲酸得有盐有味。

由露天光屁股想到印度的公厕。印度的公厕在哪儿?

满街横冲直撞的神牛们从来不进厕所解决便事，走哪儿站哪儿便拉在哪儿。神牛起的模范作用不需浪费更多语言，男人们效仿着神牛，公厕便成为无用之物。即便有公厕的地方，也能使人很轻松地更深入理解为公牛厕所，因为厕所只为男性服务，只修建了倒“山”字外形，男人们站在凹处毫无遮拦，完事之后抖动两下边走边扣裤眼。最可恨的是，男人们刚便完的双手不需洗净，又可以继续去进行工作，那份工作可以是厨师、售票员或任何人。

一直不明白印度女人们为何保持着矜持、内敛的性格，忍受着男人们看似粗犷实则毫无修养的行为。

在德里洋人街口赫然有座公厕，无数国际游民在此出出入入，当地男人依然能面不改色心不跳地完成生理进程。某天实在忍不住，用相机偷拍，刚拍下快门，身旁便站了个男人，边抠动隐私部位，边问：“小姐，我可以和你说会儿话吗?”

我吓得落荒而逃。后来才知道，印度男人不停用手抠动隐私部位，并没有性骚扰或其他用意，那只是很无意识的行为，象征他们是男人的代表动作而已。

多次在火车站附近遇见光屁股后，也麻木了。即便是正好看见某人蹲便，生殖器吊在露天之下，也不觉尴尬了，因为这是在印度，一个全民本能生活的国家。

让印度的贫穷变成风景，归功于电影《贫民窟的百万富翁》，电影催生的旅游地总容易让人误以为贫穷是景点，与自己无关，带着旁观者的冷漠俯视的心，施舍悲微的同情，又可笑又可叹。

我没有图片来表达亲眼所见的贫民窟，我也并非以猎奇或猎艳心态来观光这片土地，那些平静的心绪越来越靠近我，当我在晨光中看见站在高墙垣上，屁股正对路过火车的“便”民，我竟不知道自己该转过头以作羞怯，还是应该大胆去欣赏如此奇特的风景线。脑子里不时想起一幅这样的画面：长长的铁轨，凌乱的墙边和正跨在墙上的男人。此时，我的表达也跟这里的风景一样，凌乱而真实。

露天洗衣场，最质朴的贫穷写真

孟买有一个很著名的景点，一百多年来，承担巨大城市所有人的洗衣工程。他们是人肉洗衣机，手工洗衣机。

历史以来，无论公平或不公平的世界，都是穷人为有钱人提供服务。孟买有多少贫民窟，多少数量的贫民，谁也没认真统计过，他们的存在可被隐形，可被无视，可被利用。季风气候的孟买，多旱少雨河道干涸，自来水管时常无水可供，洗衣问题成了头等大事。势要解决此等麻烦事的孟买政府在郊外兴建了容纳千人同时洗衣的洗衣场，为街头各种洗衣店提供最廉价的洗衣服务。洗衣场在当时被夸奖为耀眼的市政工程。露天洗衣场的英文全称是Mahalaxmi Dhobi Ghat，M开头的词指的是地名，Dhobi是贱民种姓之一，专司洗衣之职，即便有了钱也仍不愿转行，固守世袭身份，从事洗衣事业，仿佛一种坚守，一百多年来不曾改变生活。

随着孟买越来越城市化，早已解决自来水问题，洗衣事业该是夕阳产业，未曾想是世界各地的游客替孟买政府挽救了大量本该失业的洗衣工。在孟买，建筑和博物馆是文化标志，露天洗衣场是贫民窟的标志。

搭出租车时，特别向司机强调“洗衣服”的字眼，避免司机找错地方载去另一处寺庙。在印度旅行，三轮车、公交车、出租车和火车算是普遍交通工具，最难沟通当属出租车司机，尽管一对一沟通，却很难弄懂司机大叔到底听懂没听懂，夹杂口音的印度英语就像开很冷的玩笑，令人浑身起鸡皮疙瘩。我常常和出租车司机用手语，这是比口语更简单、更易操作的语言，不必专门学习，形神贯通天生就会且通行世界。手语用得多了，像洗手、入厕、找人、吃饭、睡觉这些动作愈发娴熟，有时友人嘲笑可开堂授课，消灭英语了。

说多了出租车司机，有时会发现清一色黝黑肤色的司机中，竟看不到女性角色，可见印度人在社会分工中仍严格执行男女制度，有些行业绝看不到女性身影。细细想来，一路旅行没碰见多少工作状态中的女性，除了那些身处底层不得不抛头露面营生挣钱的，稍体面点的印度女性都不会出去工作——是不是可以说，女人们都被深养，只需持家育儿呢？

这座容纳上千人同时工作的洗衣场，仍没有女性角色。当独自出现，如同其他来自世界各地的背包客一般，肤色和装束已告诉场内的洗衣工，我们与众不同，独自旅行的女性，会得到更多关注，目光中内容五味杂陈。

洗衣场门口有很多穿戴整齐的男子，自称导游，收费便宜，100印度卢比相当于不到12元人民币，如果表现出犹豫，他们会强调收的这笔钱会用作改善洗衣场工人的生活条件。往往这样就很难拒绝，心有不快但也作罢，明知谎言也不想拆穿，对我而言这笔钱是小数目，对他们也许是一天收入……贫穷没有底线，当得知洗衣工每天工作14小时，日食两餐挤在几十人的通铺房间，日薪才100卢比时，我的心无比酸涩。大多洗衣工来自孟买附近贫困乡村，工人花费300卢比租一个洗衣槽，洗着堆成小山似的餐巾床单毛巾制服，从洗衣、熨烫、修补、晾晒到折叠。搭乘印度火车的头等或二等舱，就会接触到这些洗衣工的工作成果，雪白整洁的床单一度让我怀疑印度火车局大方到每客配套全新床单。

他们说，站在火车站的铁桥上，会得到最具张力视角去欣赏这座亚洲最震撼人的洗衣场。我没有去这座铁桥，只能努力想象，呼吸着空中潮湿难闻的霉味和刺鼻的洗涤剂味道。我看见洗衣工重复机械的操作刷洗、敲打、甩干，看见渴了舀起洗衣水喝上一口继续干活的拼命小子，看见十几岁孩子和瘦弱年长的老人布满茧子粗糙的手，看见一排排绳子上晾晒着各种各样洗好的衣服，看见洗衣工们抬头迎接镜头时总是在舒展眉宇，淡定微笑。

听导游介绍，除少数人因世袭或能力有限仍在洗衣业，大多洗衣工存够一定积蓄就离开了，也许很多年后不会记得洗过多少件衣服，洗过多少池水，但一定会记住刷刷搓搓为自己赚来第一笔存款的日子。

留在洗衣行业的人，是在拿时间进行一种文化的坚守吗？庞大的洗衣场到底是孟买文化的标志，还是对贫穷最质朴的写真？我不知道。

如果想要了解更多洗衣工故事，有几部影片可以延伸视野。2011年的印度电影《河边的男洗衣工》（*Dhobi Ghat*），是一部难得没有歌舞的宝莱坞电影。2007年英国BBC拍摄的纪录片《印度人文之旅》以一种奇怪平和的语调，讲述了一些不可思议的印度故事，其中一辑孟买内容中就专门介绍了这座露天洗衣场。

旅行的随机艺术

在印度游荡的日子里，我遇到了形形色色的人和奇奇怪怪的事，从这些人和事里，学会从一个人的穿着、谈吐和眼神判断对方的心。那些每天都会遇见的陌生人，一些走进我的镜头，一些走进我的笔下，一些走进我的心里。我永远无法知道第二天将会发生什么事，将会遇见什么人，或自己身在何处，但我把人生最离奇最美好的回忆都放在了印度。

我要向孟买告别，尽管还未来得及熟悉。这个待得不久却最有感觉的城市，离开时我会忍不住去想，看见了什么。

孟买，是印度的缩影，最传统又最现代的地方，仿佛走进第五个季节，在惊愕中认识另一个世界。

这些天，有面对建筑的欣喜震撼，有置身贫民窟的浅薄惶恐，有追赶公交车或出租车的奋勇飞奔，有体会到男女地位如此大差异的惊讶反思。来来去去一个多星期，印象最深的是维多利亚火车站咖啡亭的咖啡，离开前像巡礼般再次周游了一圈忙碌拥挤的维多利亚火车站，在咖啡亭花5卢比买一瓶咖啡，像大多数人一样捧着热咖啡站在路边，睁大眼睛看走来走去的人们，把咖啡一饮而尽，卷起报纸，走进茫茫人海……我也像孟买人了，懂得在人挤人、车挤车、空气都挤空气的城市找到安逸的方式。如果可以将孟买装进背包，我相信背包里有的不是一座城市，而是这座城市有的生活态度。

SALE
NIKE
50%

从孟买直达乌代普尔，只能坐长途夜车。事先看过资料，大约有16个小时的车程。为了提前预订车票，我在孟买火车站打听了很多次，都没能得到答案。多次国外旅行的经验都在告诉我，如果不能通过旅行社预订车票，就只能去汽车站等消息了。而随身所带的资料并没有提供旅行社的信息。根据网上资料，大概是先要去长途汽车站问好时刻，买好票吧。

从维多利亚火车站去长途汽车站，有很长的路程，公车也坐了大约1个小时，最后到达的却是另一座火车站。我肠子都悔青了，赶了那么多路，问了那么多人，却只是从一个火车站到了另一个火车站，而长途汽车站到底在哪儿仍是一头雾水。

走出火车站，看见路边有不少小商店，走近问路却发现竟是代理长途客运的旅行社。旅行社大约不足1平方米，放在路边根本不打眼，问好车次和时间，订好车票，欢天喜地回到旅馆，庆幸事情办得如此顺利。大概两天后，从维多利亚火车站出发逛孟买，刚出门便有人向我挥手，定睛一看竟是经营长途客运的旅行社的人。我的天，我竟然才知道火车站前也有代理车票的旅行社。我却因前几天已订好汽车站，不得不背着巨重的背包跋涉去1小时路程外的地方乘车。这才发现，原来自己有时真是自作聪明、自以为是。旅行越久，越想有可以依赖的东西，脑子就只用想着吃和玩；加上碰上这里关门那里倒闭的话多了，更执著地认为应当只相信自己。照本宣科让我失去了旅行的乐趣，所有的书能提供的都只是辅助作用，探索未知的旅程是需要每个人自己亲身亲历，如果太相信手中资料未免一叶障目，失去旅行探险的趣味。

旅行原是一门随机艺术，自在随意才是最大收获，才会让每天遇见的不同人不同事有新鲜感，也会让人思考旅行是什么……旅行，是立即飞去想去的地方，爱和生活。如果不能，就留在原地，保持勇敢不畏惧改变的心。前者选择了我，后者也选择了我，我所能做的就是随遇而安。

眼前，是北印度。北印度的旅程，是从乌代普尔开始。

最坏的预期和最美的答案

初到印度的不安和谨慎都在渐渐消退，比起漫无边际的旅行，每一天的24小时是更真实的当下。我的旅行就是活在当下，在陌生城市面对陌生人，奔波在陌生公路上，睡在陌生的床上。

我想试着用些美好的字句来讲述在北印度的故事。

王小波曾说："似水流年才是一个人的一切。其他的都只是片刻的欢愉和不幸。"用在这段旅行，似水流年的旅行是现在的一切，其他都只是片刻的欢愉和不幸。

远方就在那里，我一直在朝它走近。

从孟买去乌代普尔的夜车在城市偏远的汽车站，没有专门修建的站台或标志，就在一个看似废弃的院子里，停着几辆高大旧貌的TATA车，穿着灰白衣服的男人对着空气喊着"乌代普尔、杰萨梅尔，这是我要去的远方"。

上车找到座位，幸好是个单人座位。环顾一圈，没有别的游客。这种改装的TATA车，采用了意想不到的内部格局，一边靠窗的都是单人座位，另一边靠窗的是上下两层格局的封闭空间，那个空间里可以睡上2～3人，但究竟值几张票却无法知道。我很高兴自己没有买那种闷罐车里的闷罐票。

放好包，走出停车院，还有时间在四周闲逛下。街边一个正拿着鸽食喂鸽的男人，仰着头看天空，呆呆的样子像祈祷，像沉思，像空洞。男人穿了双沾了很多灰尘的黑鞋，长短不一被裁了又剪的裤子很干净，透着印度布料特有织法和制法的气息，浅色格纹衬衫还没来得及扣上袖扣，这身模样是典型的蓝领打扮，做的不是苦力活，但也不是吹冷气坐办公室的工作。我拍下他的照片，瞬间被定格在永恒，然后我走开，他继续喂鸽。

像这种无数次发生在旅行中的瞬间，我有时记得，有时全然忘记，偶尔翻看到照片，会突然想不起来为什么在那样的时间、地点和空间按下快门拍下它。喂鸽的男人，就像奔波在路上的我，心底相信美好，把所有的勇气都拿出来去追寻传说中成人的童话，那是一个乌托邦世界，在那里没有伪装，没有恶意欺骗或勾心斗角。所以，衣衫不整也好，神情失落也罢，我们都一直在相信。喂鸽人把他心底的童话用来喂鸽，我把心底的童话用来去远方。

围着小街转个圈，回到停车院。如同过了几个日夜那么久，我找不到搭乘的巴士了。好几辆车身涂满颜色的TATA停在院里，视觉失智的我只能仰头张望，期待司机或售票员能认出我。果然，穿白衣服的男人指指最边上停的TATA。在印度，不用担心异化，与众不同也意味着总能得到帮助。

回到车上，后座坐了张东亚面孔的脸，我很惊喜地用中文打过招呼，对方不理睬。我一直很期待遇到国人，长时间没有机会讲中文，会慢慢萌发出自闭的感觉，我会在小旅馆房间里转来转去用中文自言自语，更可悲的是印度电视台播放的节目我竟能听个一知半解……这不是什么好兆头，就像舌头突然被割走，却没有痛楚的感觉。

全程无交流的东亚面孔乘客让我觉得比陌生人更冷漠，虽然猜到对方可能是日本人或韩国人，或多或少有些失望，但同为背包游客互相打个招呼的礼仪都欠缺，不知对方

是否是宅得很深的宅人，失去舌头麻木地行走。相比起来，我更愿意融入到不熟悉的环境，不断了解自己的世界，遇见有眼缘的人会微笑打招呼，碰到对方礼貌问话会有所回复，渐渐我更看到未知的自己，在旅行，在成长。

这个夜太长。从孟买去乌代普尔到底需要多少小时也不太清楚，只是迷糊间一直在黑夜中奔跑似的，漆黑的夜空没有半点灯光，半壁闪烁的是远方的繁星。我总在长长的夜里思念，那些我曾拥有和失去的人们，异乡茫然孤寂的黑夜更容易看见那个未知的我。人们总说，旅行不在于走得有多远，而在于懂得走过了什么。当下，仿佛得到了智慧，豁然清晰。

凌晨3点，匀速前行的巴士停下来，窗外黑漆漆一片看不清街道和人，随车售票员推推我，告诉我该下车了。其实，我是有那么几秒钟犹豫，比起猛然扑进无尽的黑暗，继续呆在车里前行是更安全的选择，但也就是几秒钟后，我还是背起大包下车，拿出射出微弱光线的电筒，试图看清周边环境。

是的，皮肤黝黑的人力车夫就坐在路边，早已拿准什么时间会有什么客车到站。下车的人很快散开，只剩下我还背包站着，一个小个子车夫拉着车过来问我去哪儿，我翻开手里的书，指指酒店名字和地址，他心领神会说“Yes”就取下我的包放上车，我连犹豫的瞬间都没有，已坐上他的三轮车。

没有人认识我，没有人知道我在哪里下车，去向哪里，甚至没有人知道我的国籍，我的名字。那些在报纸杂志网络上偶尔跳出来的游客遇害新闻突然跑进我的脑子。坐在三轮车上，我不断问自己，这就是我想要的吗？那我又想要什么？是要适合我的，还是我愿意得到的……就这样把自己扔进完全陌生的车夫手里，空无人迹的公路和老城，只听得见车轮吱吱转动和车夫用力蹬骑的声音。

黑夜给了我走入的勇气，却没有告诉我将会遇见什么。怀揣临死就刑的忐忑，把生前做过的坏事和好事粗略总结了下，车夫在一个深巷的圆拱门前停车。

在门前昏暗灯光下，我才注意到赤脚的车夫，瘦弱的身子和灰旧的白衬衫。他用力地敲门，一阵急促紧迫的对话后，门开了。车夫和开门人说了一些话，开门人转过来对我说：“对不起，客满了，没有任何房间了。但你可以用露台先休息，天亮后再去别处。”

我的脸一定闪过某些表情，车夫看着我又对开门人说了一些话，开门人对我说：“车夫说可以拉你去别处找酒店，但是深夜不够安全，他希望你先在这里呆着，天亮后再来接你继续找酒店。”

在明白车夫意思的瞬间，有以猜疑阴谋面对诚实之心却发现自己的猜忌完全多余后的不知所措。我有过最坏的预期，却始料未及回复是最美好的答案。成人世界里真有童话，坚持去相信一些美好的事，总会有回应。这一刻，我开始得到旅行的意义，喜欢这样的远方。

GOA
KALIMPONG
ART HOUSE
FOR
DAILY SERVICE

乌代普尔，天空下的白色古城

从16世纪开始，

白色大理石就不断堆积在城里各个角落，直到成为“白色之城”。

清波微荡的湖水，墙角的曼陀罗花艳丽静默，

岁月风貌的灰白建筑都在尽情地流露出安静的低调和奢靡的优雅。

皮丘拉湖畔，
穿越的一千零一夜故事

有人说，北印度最精彩的莫过于拉贾斯坦邦，塔尔沙漠的浩瀚融化了无数传奇人物和缠绵悱恻的故事。乌代普尔是这座沙漠之邦唯一的湖泊之地，奇迹发生16世纪时期，强大辉煌的莫卧儿王朝所向披靡吞并了印度土地上的各个没落王朝，印度北部曾强大却没落的梅卧尔王国（Kingdom of Mewar）为了逃避战乱，举国搬迁到沙漠中的山谷之地，当时的辛格二世国王利用山谷湖泊形成的小气候地区，兴建了线条优美，精工细琢的宫殿。也许，今天所见的那些宫殿已经破旧，或被废弃，但心底始终仍有叫人放不下，想去追寻历史精彩的冲动。

皮丘拉湖上有座皇家避暑夏宫，王朝消失之后，夏宫被改建成只接受预订的高级酒店。坐在湖畔远眺白色大理石建筑随着阳光的光线变化，颜色由乳白渐渐变得金黄，直到浅黄、淡红，最终在夜色中由射灯照亮如金色湖上城堡。据说当年因电影《飘》而享誉全球的好莱坞女星费雯·丽入住时，酒店恰好播放着《飘》的主题曲。在异国他乡听着熟悉的乐曲，感慨着成名以来的点点滴滴，再看着由皇宫变为酒店的夏宫，费雯·丽情绪感伤泪流满面。乌代普尔也因而有“文艺之城”的外号，吸引生性浪漫的人们前来沉思感慨。

我曾试着用各种方式去预订著名的湖上皇宫酒店，得到的回复都是客满，怀着无限嫉妒羡慕的心情，只能在湖边找了家可以远眺皇宫酒店的客栈住下。夜晚，坐在湖边客栈顶楼拉贾斯坦风格的石亭，吹着风，抚着纱布幔帘，喝漂亮的环形玻璃瓶里的新鲜lassi，心里燃起一股熊熊的火团，错觉以为置身一千零一夜的某个故事里，而我不过是凑巧穿错衣服的蒙纱女子，一个人在黑暗中为自己调情。

白色城市里有太多白色大理石组成的建筑，会看得不知身在何处，身处何景，以至于到后来只有凭审美直觉去看那些弯曲线条，或柔或刚，或高大或温婉的古堡似建筑。恰是陋巷高墙，那一丝纱丽掠过的色彩，有种迷幻之力，点燃整座白色之城，也点燃眼睛对于美丽的追索。

我不只追过一次。建筑之旁，天地之间或街道之边，被拍照的人心坦然，相机快门按动得倒紧张起来，直到在皮丘拉湖被明令禁止拍照，才乖乖收起相机。湖边每时每刻都聚着很多人在沐浴，我为他们的虔诚信仰感动得心都揉碎了，男人和女人自觉分为两处，一块棉布包裹全身，走进水时棉布散开，上洗下洗之余也记得涂抹香皂。难怪我被禁止拍照，如此私人之事，和恒河大而化之的祈祷仪式还是有所不同。回到客栈，和意大利籍的老板聊起来，才知道当地人只是为省水费才去湖边洗澡洗衣，一切美好不过只是个人臆想，一厢情愿。听到真相，悔不该知道，冲淡了先前的感动，倒让心情不清爽了。

由此想到，旅行种种，果真是一花一世界，一木一浮生。

拉贾斯坦邦的国王们

走进乌代普尔，是从一个遥远的方向走近拉贾斯坦邦。

围绕塔尔沙漠的“拉贾斯坦”在印度语中指帝王之地。34万平方公里的面积，相当于我国云南省的大小，却拥有近20个国王，各自为政，得意尽欢。印度独立后，这些小国被合并为邦，王室与王族随即消失成隐藏阶层，很难从历史文献或图书馆资料库里寻访到相关信息。但每个国王仍为城市留下痕迹，比如“白色之城”乌代普尔，“粉色之城”斋浦尔，“蓝色之城”焦代普尔，“金色之城”杰萨梅尔……城市用最沉默的语言，书写出国王的人生。

初逃的国王，心底很难接受王朝没落而跑路的现实，王族的家底仍在，气势却消，夜不能寐，食不知味的日子越过越艰难。外出散心的辛格二世国王，在随从事先的神秘安排下，“巧遇”隐居在皮丘拉湖畔的世外高人，得到全新的城市规划方案，从此即可高枕无忧。根据高人的建筑方案，辛格二世国王填河造湖，河流改道，用大理石和砂岩修建宫殿，以自己的名字命名城市。有关乌代普尔的历史记载“这座大理石和砂岩建造的新城，从来未被攻克”……如此自负的描述，显然低估了莫卧儿王朝，只是因为没来得及，英国人已到达印度大陆，大肆殖民事业，乌代普尔与英国人签署和平协议，沦为英属印度下属的一个土邦。

沦落在某种意义上可以保存完整，避免战争的毁灭，殖民的伤害，各种文化和传统也因此保留下来，也得以让我们看到如苍穹般璀璨的拉贾斯坦艺术，在建筑与天地之间缠绵婉转。

拉贾斯坦邦的每一位国王都似乎有特别喜爱的色彩。另一座以粉红色为主题的“粉城”斋浦尔，粉色是专为迎接尊贵客人才出现。当时印度已大面积沦为殖民地，当地统治者辛格大君（辛格二世国王的后代）为欢迎英国威尔斯王子，

抬头所见处，白色房子印刻天空，湖岸只如惊鸿般掠过微凉的风，稍纵即逝是无关风月的历史，或欢喜或悲壮，皇宫与城堡，国王与王妃，岁月磨损也不过是一场又一场欢喜，茫然天地间，城市最亮的光，是那温柔最真实的存在。

将每一座建筑都漆成粉红镶白边，表示自己的热情好客。受到隆重礼遇的威尔斯王子，先是在孟买享受到印度门的高贵接待，继而在斋浦尔受到一座城市以礼相待，内心一定重重欢喜，快意而归。

沙漠之地的王公贵族们隐没了，但家族尚存。不经意走过门庭普通的院子，也许就是辛格国王的子孙们在此居住，他们有的经商从政，有的无所事事；他们天各一方，散居各地，却总有一个理由将他们聚在一起——他们是拉贾斯坦邦的国王们的后代。

लोटरी

突如其来的求婚

这个故事经常被我拿出来讲，像个段子，图个好玩。

好吧，我承认，独自旅行难免孤寂，把思念的人放在心底，偶尔翻出来晾晒不如忘怀。在这种时候，遇见突然向你求婚的陌生人，到底该是惊愕还是惊喜？这简直就像《我想骚扰你》的第二季剧情。

旅行时很少有午睡习惯，饭后就到处转转。我背着相机走进古城另一处冷清角落，沿着湖边想找出适合早晚散步的线路。从看似破旧得快要废弃的房子里，走出一个20岁不到的男孩子，几个箭步从我眼前跨过，以跳水员姿势扑进湖里。耍帅嘛，年青人，都难免。男孩子跳进湖里，没扑腾几下就上岸，直直朝我走来。没穿游泳裤的男孩子，这么说是不是有点占便宜？棉布内裤显然表明他的家世，但他仍用那种奇怪忧郁的眼神盯着我，走到我身边时叫我等等，迅速进屋。我心里傻笑，又不好作声，不理他继续向前走，没几分钟他就追过来。

也许他叫托尼，我不记得了。托尼问我从哪里来，什么时候到乌代普尔，又打算什么时候离开。我一一作答。他说他家有个可爱的小妹妹，邀请我去他家坐坐。

按大十岁就跨一辈的说法，基本上，我认为托尼是孩子，所以当他发出邀请时，我欣然答应。印度人的好客我也算见识过，从南印度到北印度，应该都“same same”（意思是“都差不多”）。

到了托尼家，他的父亲和妹妹在家。托尼讲起他是家里最大的孩子，平时的工作就是导游，赚的钱用来贴补家用，言谈之下提及他有辆摩托车，可以载我周游乌代普尔，收费随便看着给就成。

我用很具国际情怀的同情答应了聘请托尼当导游的事，还把背包里不多的巧克力糖送给他的家人作为茶水之谢。

故事开始在下一刻展开。

约好下午4点钟出发，去郊外的某座古堡。在约好的街口等托尼时，路边摆摊的小男孩吹着口哨，喊着“你愿意嫁给我吗”。

这架势，老娘真没见过！赶紧拨通远在家里的先生的电话，问：“有人在街边向我求婚，怎么办？”

“亲爱的，这世上除了我，居然还有人有这个胆子啊。”先生幸灾乐祸地说，“叫他们按中国的规矩办，我把彩礼都收了，你再偷偷跑回来。”

第一回求婚不作响应，大概以为我不满意。站摆摊男旁边的另一个男孩子接话了，“要不嫁给我吧！”

我去……这不是要求婚求到我头皮发麻吗？我赶紧回答：“好呀，好呀，都娶吧，按中国规矩来，女方要收一大笔彩礼钱，还得下得厨房，出得厅堂。”这段话没有事先准备，说起来真费劲，用英语讲就是你得看起来漂亮，还要能煮一手好菜。这下可好了，吓退求婚者。

印度婚俗是女孩陪嫁要一大笔彩礼，陪嫁少了还要被火烧死，这些爱来事的男孩子们，整天没事干就对着不了解真相的外国女游客喊求婚，求到一个算一个似的。最神奇的故事是某导游，果真求到一位美国大富翁的女儿，作为陪嫁，美国富翁为女婿兴建了一座五星级大酒店。这种励志故事鼓舞了一大批心怀梦想的年轻男青年，抓住一切机会向梦想迈进，以为说不定某天自己也能成为传奇故事中的男主角。

托尼总算来了，骑了一辆红色摩托车，他拍拍后座，让我坐上去。开始，托尼还算规矩，路过景点会停车叫我拍照。渐渐的，到了郊外公路，托尼的驾车技术有了神迹般变化，平坦的公路他不断地按刹车。坐过摩托车的人应该知道，急刹容易招致后座人扑到前座人身上，在扑过几次后我果断抓牢摩托车后架，心怀明白装糊涂了。

托尼絮絮叨叨说起以前的女朋友，有美国、日本、意大利的，当她们坐在后座时都是紧紧抱着他的后背，防止被摔下车。这话让我怎么响应呢？我说我不怕摔，你随便骑？于是我使出了旅行中最实用的杀手锏，“我听不懂你讲的话，我英语不好。”

反复说几回，托尼有些生气。拐过一个弯时，托尼说：“你再不抱我，我就跳车了，我跳，你也跳。”

小弟，外国人在印度很矜贵的。我淡淡地告诉他：“如果一个游客受伤了，印度政府会很着急。”

两相无话到了古堡，我也没什么话对托尼说，托尼也自知尴尬。回城后，我没有让托尼送我到所住的客栈，托尼还想说些什么，我付了1000卢比给他，连“再见”都懒得说了。

回国后和朋友讲起这段子，每每讲起就好笑，又是求婚，又是泰坦尼克式跳车，谈恋爱时没经历的情节一下子在印度都得到，亦算此生“圆满”了。

后来才知道，一些旅游区的印度年轻男孩爱好“集邮”，他们认识不同国家女性，和她们暧昧，或者上床，如同积攒某种资历，乐此不疲。西方女孩的开放程度自不必介绍，一些日韩姑娘绝不亚于此，弄得独自旅行的女性背包客经常会被问“你是日本人吗？”“你是韩国人吗？”这种问话的另一层意思是，你需要服务吗……街头那么多推荐服务的人，他们早已总结出大量工作经验，你会发现，所有谈话是从先问国籍开始。

沙漠里的VIP待遇

在沙漠，什么最不矜贵？
答案是——手工艺。

你可以买到有关骆驼身上的一切产品，皮制品、肉制品、骨制品或者毛制品。我的内心很环保，但物欲太骨感，任我转悠多少次，都逃不掉街口那一排骆驼皮手工鞋店。

花花绿绿的手工扎线骆驼皮被制成翘角卷曲的薄底鞋子，如同《天方夜谭》中描述的一样，能让身体轻盈立体，脚下步步生辉。记得小时候常穿的白球鞋，牛筋底白帆布，踢踢踏踏把儿童时代、少年时光都混过去了。眼前的叠皮鞋底薄薄地踩在地上，连同地下的凉气都踩到了。

每个手工业者都如此认真，鞋匠银匠铁匠裁缝，他们都视顾客为上帝。

骆驼的生命力只有在沙漠才能得到极度绽放，在生命走到尽头之后，又以另一种形式延续它的美。对于纸制品和皮制品的爱，其实是对生命最质朴的触摸，我反对奢侈品的杀戮，却无法不欣赏眼前低价品的质感。

瘦削高大的店员把我迎进店门，用敬语称呼“女士”，浑身洋溢着恭敬从容。我先暗暗谴责了下那双跟随我几十年的臭脚，又肥又汗，还因为走了几座寺庙，脱了鞋，脚上沾有泥灰。高大帅气的店员取下我看中的鞋子，示意我坐下，两只手捧起鞋，突然在我面前单腿跪下。若上天再给我一次机会，我一定先回客栈冲凉，再给脚扑点爽身露，或者预约一家脚底按摩，做足一个钟的脚部美容，才好意思让丑脚见人……虽是玩笑话，但当店员如此礼待我时，脑海确实闪过窘促、尴尬和自责。店员不厌其烦，反复询问我穿鞋后是否感到舒适，是否需要现场改动以更合脚，语速不紧不慢，语气温和淡定，大有“就算你不买，我仍如此待你”的气势。

这样的服务在我看来是对尊贵客人的VIP服务，恰是这份小心翼翼流露出的尊重，让我掏空钱包一口气买了七双各种款式的骆驼皮鞋子，以至于回家时正值初秋，我仍坚持穿着薄薄皮底的鞋子走入大街小巷，过于异域的装扮，有时会有被用英语问话的经历。

有了骆驼皮鞋，人字拖就没用了。为配鞋，还去裁缝店定制了一身印度长袍。裁缝师傅和徒弟安静地坐在店里，一堆布料有序地摆放在工作台上，阳光晒在地上如温柔的软黄溢开。师傅指示徒弟为我量尺码，作记录，他在一旁迅速画出草图让我选择，哪里加花边，哪里收束，递过衣服草图时用的双手，让我感动，这不是用语言表达出来的恭敬，却令人舒适惬意。

几天后，我在旅馆前台收到鞋店和裁缝店送来的鞋子和衣服，用牛皮纸分别包好，细麻绳系了个很随意的结，小卡片上写着“祝您美丽幸福”。

宿命，命运之神的一个玩笑

萨莉曼说，在印度，女孩在八九岁时可以结婚，由家族中或寺庙里德高望重的人主持，嫁给一片树叶，这片树叶被视作女孩的第一任丈夫。

这不是妇女史。

乌代普尔的街巷，转个弯就能碰见身穿五颜六色纱丽的女人，有赶着牛做力气活的女人、坐在屋前聊天的女人、抱着孩子行乞的女人、十六岁就做新娘的女人……命运之神如同玩笑般，为每个人安排好宿命，她们所能做的只是顺从服从。

在皮丘拉湖边遇见一对年青男女，女子华服满身，浑身金光煜煜，看着与众不同。导游介绍他们是新婚夫妇，还在新婚期间，腼腆的女子看上去年纪很小，话也不多，只静静坐在丈夫身边看着我笑，虽然不说话，幸福早已万语千言。我举举相机，她心领神会，对丈夫小声说话，丈夫看看点点头，这算是传统家庭夫权为上的细微表现，我亦明白。女子站起来，轻抚头纱，手臂扬起，哗啦啦两只手腕

佩戴的金饰在阳光下闪出一阵炫光，这该是家族为她的出嫁所准备的全副装备，逢着时候要拿出来示人：我的嫁妆不差，看我们家多么重视我，多么爱我，婆家的人要谨记这些。见识过几次印度婚礼，当然知道女子身上的东西算不得中上，但在乌代普尔乡下，大概也是不错的家庭，能为女儿准备丰厚嫁妆。在科钦参加过的婚礼气派典雅，看数据才知道当地贫穷率仅为16%。科钦长期接受欧洲文化熏陶，男女联姻要家庭地位经济条件门当户对，人文环境轻松开放，印度式关门倒闭的谎言也很少听到。拉贾斯坦邦的贫穷率为50%，对大多家庭而言生个女儿尚可接受。但在贫穷率高达80%的比哈尔邦，女儿的出生就是恶梦，会让整个家庭陷入不复之劫，生活在贫困线的人们在女儿一出生时，亲生母亲就会将女儿沉入河底。起初并不相信这种传言，直到在恒河见过漂浮的婴尸。亲生父母哪儿来的这份勇气，将刚出生的孩子送入生死轮回？这是怎样一种让人无法理解，却仿佛明白其中凄凉无奈的心情啊……在北印度待得越久，越能看到男女尊卑，“嫁鸡随鸡，嫁狗随狗”这八个字如烙印般刻进印度女人的生命，一举一动都须得到丈夫允许才可，也有了我所见到的男人坐凳子，女人坐地上的画面，也是为什么大量女性赤脚走路，却很少看见除了乞丐之外的男人无鞋走路。皮丘拉湖畔的新婚夫妇，如同大多印度家庭里的男女，女子依附于丈夫，若丈夫不在也会听命于儿子。

我好奇地问女子的年龄，导游回答16岁。我惊愕，又问丈夫多大，导游回答18岁。在我看来只是孩子的年龄，应该是很傻很天真的时候，遵从传统走进人生，过着千篇一律的生活……有人会说，普通生活不就是平凡一生吗？可在我看来，从少年直接跨越，缺失了人生最精彩的部分，幸还是不幸呢？16岁的新娘显然并不懂我的忧虑，她所认为最好的生活已在眼前。

走进婚姻，也会有走出婚姻的女子。印度离婚率仅为1.1%，这还是最近几年对媒体公布的数据，但实际离婚率远高于数据。无论男女都视离婚为奇耻大辱，宁可当寡妇或鳏夫也不愿离婚。离婚后的女子很难再嫁，寡妇再婚比例更是低得可怜，尽管新闻会讲政府鼓励再婚或二婚，但强大的传统力量从来都大过政治和金钱。那女人们怎么办？出嫁前依附父母，婚后依附丈夫，没了丈夫就遭到遗弃，一生都不由自己作主，这样下去谁还愿意当女人？

后来有机会住进当地人家里，看着那家的女孩萨莉曼拥有单独的房间，一衣橱花花绿绿的衣服，看来家里人都把女儿当宝贝宠着，我不由得聊起心中的疑问。萨莉曼说起她的姐姐去年才再婚，我连问了几个为什么。萨莉曼说，在印度，女孩在八九岁时可以结婚，由家族中或寺庙里德高望重的人主持，嫁给一片树叶，这片树叶被视作女孩的第一任丈夫。有过丈夫的女孩在适婚年龄就可以随心愿去选择婚姻，离婚或再婚也不用顾及别人眼光。她的姐姐的第一次婚姻并不幸福，前夫出轨还家暴，离婚时虽然费了些周章，但因为不是第一任丈夫在情理上也说不出什么；现任丈夫接受过开明的高等教育，姐姐也过着幸福的生活。那，第一任树叶丈夫怎么办？我好奇地问。萨莉曼似笑非笑地说，树叶当然要存好，因为它不会发表意见，又能保护女人免遭不幸的婚姻……好吧，我确实不清楚萨莉曼讲的是美妙故事还是真有其事，如果用这种法子可以救赎所有女子，那才是爱她们的方式。

皮丘拉湖畔的新娘，眉间点有红色额痣，那是拥有幸福婚姻的标记。应我的要求，她的丈夫欣然合影，一对璧人站在一起，新娘不自禁地往丈夫身边微微相靠，眉宇间顿生温柔，如应那颗红痣的祝福，站在丈夫身边才会有悠然自得的安全感。这与她独自面对镜头的表情截然不同，她看着我，眉毛轻扬，透着强大的占有欲和征服感，强大的野心总隐藏不住，沙漠女子世代相传的气质都透露出了两个字——传奇。

那些不点痣的女子又过得如何？翻看在印度旅行期间拍过的照片，穿白色纱丽的寡妇们被剥夺了点痣的权利，失去了被神保佑的资格，自神至人由天到地被弃，还好仍有勇气走进我的镜头，告诉我，她们仍在生活，虽有各种不尽如人意，但总有一天会有新的幸福来到，她们可以脱下白色纱丽，重回七彩纱飘的世界。

坐着等人，身体静下来，会留意起时间流淌的痕迹。每个在眼前走过的行人，都是一秒时间的痕迹，有的这一秒钟是欢快的，有的这一秒种是沉思的，有的这一秒钟是爱，有的这一秒钟是怒。等待一个人的这一秒钟，是期待。

普遍贫穷的印度，人们不以穷为丑，但以炫富为荣。

赤脚提菜篮坐屋前发呆的女人。

夜车上的疼痛，回忆如潮水淹没

我羡慕王小波的刻薄自我，因为他忠实于自己。

我也羡慕那些忠实于自己活着的人，看上去不好相处高傲古怪，实则性情善良本真，坚持人生梦想，青春无悔……

又是夜车。焦代普尔在远方。

我开始发现夜车的各种好处：免去了奔波一天还要在暮色中寻找落脚旅社的焦虑彷徨；省了一晚住宿费可以在下一餐吃得更疯狂更回味；节省了时间就赶赴到下一站。每件事情的两面性，我总是先想美好的一面……也许人生中有很多次夜车，也有很多理由搭夜车，最不好的是在生病时搭夜车。

这是由乌代普尔去焦代普尔的长途夜班车，越向西行，越靠近沙漠，空气里混着风沙的味道越浓。就像一种无意识即出发的旅行，我有些麻木地走向等车站台，神情呆滞地坐下，连旁边有个垃圾堆，苍蝇正爬满各式垃圾都不看一眼，因为此刻肠胃正在和我斗争。

晚餐吃的是拉贾斯坦邦特色的印度手抓饭，浓味的咖喱加上胡芦巴叶味道，也许还加了不少芥末子，吃时如饕餮，吃过如酒醉，酣后即知错。自进入印度后，我已严格控制吃街头小贩的习惯，不够强壮的肠胃无论披哪种战甲，只要与印度广博深厚的街头美食进行博弈，都会败得很惨，但有时明明知道是错，还会一错再错。

背包里有自备的肠胃药，想着顶顶就能过去，刚上车一阵阵钻心的绞痛就来了，黑灯瞎火让我去哪里？下车去医院还是呆在车上听天命，我选择了后者。有什么大不了的……无数次深夜梦魇时，梦见自己背着包行走在完全听不懂语言的国家，上了不知道去向哪个方向的货车，前方迷雾漫野而我的心越往下沉，脚步却仍在向前。这就是我，不管招不招别人喜欢，自己都坚持、固执、开始。我的某个姐们评价我是典型偏执狂，说偏执狂在万不得已时，就会竖起羽翼挑个高度去抨击有争议的事情，发表与大众看法不同的观点，获得心理战胜对手的自我欢愉；旅行的我也是如此，固执己见刻意抨击终得恶果……

汽车已经出发，如开弓的箭必须射发，我也知有的事情已不能回头，只好硬扛。肠胃胶痛越来越严重，一只手压住肚子，另一只手抓紧随身的御风挡灰的棉布单，头拼命靠在椅背上，浑身冷汗手脚发凉……你会觉得在黑夜中急速向前的汽车里，对生命回味、忏悔是多么滑稽的事。

陌生的世界里，没有人知道你是谁，没有人了解你是怎样的人，我这一生，如蜜糖般度过的青春时期、少年时期，结交过的朋友，经历的爱恨情仇，走过的路发过的光都没有人知道……现在死去，从我的背包里翻出护照，那上面也只是如代号般的一个名字。那些最亲密的人，从出生开始就相识的奇妙相遇，每天生活在一起，却仿佛从未去认真了解，现在的惭愧和思念如汹涌的潮水般淹没了我。

其实，到了我这样的年纪，固执和偏执都没什么用了，耳朵已经学会去倾听自己的心。年少时并不明白红拂夜奔的故事。王小波写出这段故事，不谙世事的我读不透文里字间的癫疯狂嗔。作比较的话，我更喜欢读不懂的各种大作里拥有的那些无畏天真和无邪浪漫。如今的游历已让我明白，什么都懂得了并不好，旁人的眉眼微动举手投足都了然于心，善恶狡猾不过是一场戏，成人的世界没有童话，有的不过是穿着衣服的身体每天演出自以为聪明的戏罢了。我羡慕王小波的刻薄自我，因为他忠实于自己。我也羡慕那些忠实于自己活着的人，看上去不好相处高傲古怪，实则性情善良本真，坚持人生梦想，青春无悔……

伴随混乱思绪和生理痛做了很多稀奇古怪的梦，死亡与生存，继续旅行或就此结束，to be or not to be? 天明时，汽车到了焦代普尔，车站外酒店来接的人举着有我名字的纸牌，一切犹豫踌躇都化为乌有。

焦代普尔，梵天曾在这里居住

顺着小路一直走到古堡脚下，
边走边触摸古旧的石墙散发出的幽旧冰冷的气息。
不管是站在高处向下望还是走在城中置身其中，
都会读到这座城市的不畏惧和可以触摸的真实自然。

蓝色之城，时光滑过指尖

焦代普尔的传说中，梵天曾在这里居住。

显然，我活过来了，带着一身臭汗和满脸疲惫。

酒店派了辆敞篷车来接车，很不搭我是坐夜车来的身份。坐在车里，天空紫得发亮，蓝得明亮，日出照亮城市的高处，山坡上的建筑渐渐清晰起来，这里是“蓝城”——焦代普尔。

为什么叫“蓝城”？人们认为蓝色有驱蚊赶虫作用，于是将城内大小建筑都涂上各种调调的蓝色，认为可以防止沙漠腹地的蚊虫骚扰。焦代普尔的传说中，梵天曾在这里居住。

梵天是印度教的三大主神之一，负责创造宇宙，在婆罗门教圣典吠陀类文献资料里，提到梵天“万物从梵天而产生，依梵天而存在，毁灭时又还梵天”，暗指世界的起源和存在，包括神在内，都只在梵天的梦境中存在。其实，梵天大神就是我们口中“盘古开天地”中的盘古，他在印度被美化成身穿白袍、四头六臂、乘坐七只天鹅的老人，还有一段不堪的感情故事。传说梵天有五个头，他创造了智慧女神辩才天女，从伦理上讲天女是梵天的女儿，但梵天却执意娶其为妻。天界认为有违伦理，于是湿婆（印度教三大神之一，即毁灭之神）砍掉了他的一颗头，自此所有传说中提到的梵天都是四个头。在我看来，这段来自后吠陀时代的神话，更多目的是确立湿婆的主神地位。

创建宇宙万物的梵天，认定蓝色就是创造神之宫殿的色彩，当地人深信不疑将自家房屋涂成蓝色，以求得到梵天的庇佑，深蓝浅蓝灰蓝粉蓝无不在说“梵天与我同在”。

无论从哪个角度远望城市，目光触及的建筑都是蓝色，与爱琴海畔那座红得发紫的蓝城圣托里尼相比，圣托里尼的蓝，有海相伴，衬上亘古幽远的希腊古典传说，一座城如一座殿；焦代普尔的蓝笨拙质朴，是鎏金时光滑过手间的平常，普通人家的气息漫延，一座城如一位神。

最令人奇怪的是，在印度几万座印度教寺庙中，仅有两座供奉梵天的寺庙。焦代普尔虽是梵天之城，却并没有供奉寺庙。在印度神话中，除后吠陀时代的神话所记载的那段故事，印度神话中很多故事也提到梵天因为受到诅咒所以后世崇拜他的人并不多。

各种宗教源远流长，神话传说繁复精彩，梵天虽是印度三大主神之一，却有很不同的际遇。在东南亚，人们信仰小乘佛教中的四面佛，即是梵天，四面佛面分别代表爱情、事业、健康和财运，当地人称之为“有求必应佛”，香火旺盛经久不衰，四个佛的灵验也使人们流连，许多港台地区的影视明星经常去泰国膜拜和供奉四面佛。

在国内，开天辟地的盘古，歌词里唱，诗歌中颂，却很少有听说信仰盘古。有一年我在山西的两月旅行中见识过各种寺庙，破败的女娲庙，孤独的守庙人，全然不知盘古庙在何处。几年后在河北沧州的盘古村发现盘古庙，如遇见珍宝般惊喜。传说盘古曾定居并墓葬在此，后人建造了盘古庙，两百户人家一半守墓，一半守庙，如守护世代相传的秘密，几千年过去仍坚守着当初的承诺，每年九月初九的生辰和三月初三的归天日，盘古村和盘古庙都会有盛大的庙会，说的唱的都是有关盘古的故事，没有台本，世代就这么传过来，唱得热闹，说得纷繁。

梅兰加尔古堡，逝去的千年诅咒

焦代普尔好像就是被一座又一座城围起来的城市，这边的山坡是居住地，那边的山坡是梅兰加尔古堡——印度最大城堡之一，闪耀着特有的拉贾斯坦光芒。高高在上的城堡，赞美比河流还长，却因缺水备受指责。

城堡的创建者，当地的土邦王久德哈王公（Rao Jodha），豪情丰盈的久德哈计划在125米高的山崖上建造沙漠之边的城堡，宏伟工程动手之前得先对付“原著民”——隐居在此的神秘修道士。要赶走自称拥有法力的“钉子户”可不是件容易的事，特别是淳朴纯善的600年前。为了弄走修道士和他的信徒们，久德哈花了很多奇妙的心思，思想工作做得响当当，武士阶层的英勇善战气度亦充分得到展示。愤怒的修道士总算走了，留下传说中的诅咒：城堡将永远缺水。为了安抚来自诅咒的力量，久德哈听从祭司建议，在城堡奠基时活埋祭人，以破解咒语，一位阶层贱民的穷人以自己的性命作交换，后代永世可以得到王公一族的照顾，时至今日他的后代仍生活在久德哈为他们建造的宅院，并永世拥有那块土地。但，无论怎么做都无法打破这份诅咒，每过3～4年整座焦代普尔都会伤痛地干旱一次……也许导游会把这个故事讲得更动人些，仍无法掩饰无水之城的哀痛。

其实，修道士不明白作为一邦之王的隐忧。17世纪印度仍处在蕃邦互攻的形势之下，拥兵自重过安稳日子是纯粹的妄想。为了保证王室安全，久德哈从别处迁都到焦代普尔，看中的就是被山峦包围，居高安乐的环境。实际上焦代普尔在久德哈的统治之下，成为了去德里的重要驿站，商业贸易文化艺术都得到很大发展，最重要是王公一族在这里能得到安稳平静的生活，虽未能远离政治纷争，但平民还算安居乐业。

最初的梅兰加尔古堡并无现今所见的宏大，后世几代王公不断扩建，且每任王公都会为城堡建一座城门，所以从山脚到山顶的城堡会路经七座城门，每座城门都有自己的故事，值得详说的是凯旋门，它是为了纪念焦代普尔作为蒙古人在印度最后征服的土

梵天的城，却找不到梵天的影子，印度寺庙里也没有供奉梵天，让人奇怪又不安。历史没有真相，宗教亦是。

地的最后一道铁皮门，高高在上且门后通道特意筑得很陡，以减弱战象的攻击力。值得庆幸的是铁皮门经受住了战事的考验，可惜的是150多年前的王妃们没能逃过这一劫。走过铁皮门，墙上赫然有31个贴着金箔暗红色的掌印，是当时的妃子们在纵身火海前留下的。据说，当时王妃们坐在堆满木柴的花园，直到火势蔓延仍静坐等待征战的丈夫归来，可最后等来的只是人生终点。可以想象当时的这些女子悲壮和决然，她们都是些奇情女子，换在任何时代都是侠女，这也难怪总让我想起在皮丘拉湖畔遇见的新娘，眉宇间总有剑翘英气，散发出沙漠女子的情与义。

墙上的金箔手印不准游人触摸。立牌禁止必定是常年受人敬仰，恋爱中的男女都会在象征忠贞爱情的标志前留下誓言，久而久之风化磨平，为了让更多向往纯真爱情的人

空空的城，连躺在地上的牛都懒得动弹，这时城市就成了狗的王国。

们可以瞻仰而立规。我站在手印前，认真数数，31只手印，是谁的手印还没有来得及印上去，还是当时制作手印图案的人不识数，更或者31这个数字有神秘的宗教寓意？当然没有答案，连导游也不清楚为什么，仿佛我是第一个提出这么麻烦问题的人，他只嚅嚅说道，从祖辈开始就是这样子，传说故事是这样子，城堡也是这样子，干吗要弄明白少只手印或多只手印……大概导游也讨厌我这样爱玩偏锋的人，不认真欣赏古迹的壮美，还找些刁钻问题为难他。是的。雄伟也好，壮观也好，过去和现在都不打紧，无关风月了，没有国王和王妃住在里面，也没有战争和杀戮，这里只是一个景点。

想起在上山途中遇见的几位身穿拉贾斯坦传统服饰的老人，坐在酷日晒不到的角落，吹弹起悠扬的调子，那是一种思念，对历史的追溯，对那些逝去的人、不认识的人、不了解的事的一种“记住”。听着那婉转悠长的曲调，看着老人们满是皱纹却平静安详的面容，突然觉得诅咒也好，传奇也罢，终将在岁月的烟波中消逝殆尽，留下的，只是深深的一声叹息。

10岁的鞋店老板夏尔玛

突然，我看到他们，眼神中透着光泽澄亮纯真朴实的孩子们。他们看上去都生活得不错，接受良好的教养，生活为他们开启一扇门，生活都写在了脸上。

这群孩子让我看到了平静的眼光。

旅行越久心情越平静，每天的生活安排规律了，天亮起床，去熟悉的餐厅喝咖啡吃培根面包，再四处转悠加觅食，看见好看的拍照，不好看的走人，和陌生人谈笑风生，对友好微笑报以回应，对谎言和推销员的应付能力也强大了，直接说“不”更容易了。心绪安宁的旅行渐入佳境，仿佛是人生功课的一部分，我所做的只是完成它。

苏轼问佛印，你看我是什么？佛印说，我看你是一尊佛。佛印又问，你看我是什么？苏轼说，我看你是一坨屎。佛印只笑不说话。苏小妹点破苏轼，参禅讲究见心见性，你心中有眼中就有。佛印看见的是佛，苏轼看见的是一坨屎……正是这个故事让我也明白，心中有什么才能看见什么。当我急急躁躁走入印度，初不适应的抱怨心烦，整个人就像充血娃娃暴躁难安，所以看见的也是不尽如人意的风景。由完全不接受，到慢慢了解印度文化，接触到友善的人们，僵硬的心融和平静；再迷恋上多元复杂的各种建筑、手工艺，了解更多不同阶层人们的生活，心有叹息，包容丛生。这是连我自己也没有想到的。

焦代普尔的孩子们自小生活在城里，弯弯的巷道养育了一代又一代，人们沿袭传统，拥有创新文化，女孩子可以去读书，男孩子不必沿袭父职，也不用穿得破衣烂衫或赤脚走路，童年就像童年该有的天真烂漫模样，连笑容也透着平静的知足。一路走来的我，就像苏小妹所说的，心中有什么就看见了什么，而从这些城里的孩子们眼中，我又看到了充满童真愉快的自己。

在通向火车站的市场路，我被街边一家鞋店吸引。夏尔玛坐在店里，蓬厚的黑头发，笑起来眼睛会发出亮光的样子，招呼我坐下又问我有什么需要，熟练得俨然像老板——事实上他确实是鞋店老板，虽不到10岁，开店史却有两年。夏尔玛的爸爸是鞋匠，爷爷也是鞋匠，所以他也会是个鞋匠。夏尔玛不用上学吗？他摇摇头，现在正是假期，父亲才允许他在鞋店出现，名义是他的鞋店，实际仍由父亲控制，收入仍交给父亲。这更像是父亲送给夏尔玛的超大玩具，夏尔玛负责练习手艺不亏本经营。像老板的夏尔玛，割开一块骆驼皮，按我指定的鞋样，依照脚的大小很快做出像模像样的鞋，他洋洋得意地举起鞋说，将来有一天他会成为印度最有名的皮鞋设计师。夏尔玛打算将来到意大利学设计，还翻出认识的意大利游客写来的信件，说他们将来会邀请自己去欧洲求学。

夏尔玛的鞋店开在热闹的街面，叔叔帮他一起经营，他的手艺总透着稚嫩笨拙，也透着真实自然。

我很高兴听到他的计划，世袭手艺将在他这一代有更广阔的延伸，他也许还是鞋匠，但更是个有理想的鞋匠。夏尔玛仍打赤脚，但门前台阶总放着一双鞋，走下台阶他就会习惯穿鞋，不似别处见过的赤脚人生毫无顾及。不知不觉又在夏尔玛的鞋店做了三四双鞋，连骆驼皮的零钱包也有了，我请夏尔玛在钱包上签名，笑说这是他设计的第一件作品。

多年之后我和夏尔玛早已失去联系，但骆驼皮的零钱包一直在使用，每逢看见棕黄色的皮质上有圆珠笔写下的名字，就会想起远在焦代普尔的男孩，不知他是否已经实现了自己的梦想。

拉贾斯坦，邂逅一千零一夜的梦

这个问题让我顿足失语。
我只是风光掠行者，一路走一路看，只拿走风景、经历和故事，
也从未想过可以留在这里做些什么。

与大酒店的豪华商业相比，我更迷恋小客栈的随意自然。

我所住的小客栈是一个来自意大利的旅人开的，他爱上了印度，决定留在焦代普尔。没有什么力量可以阻止他要开家一千零一夜风格的旅馆，每个房间都用了不同风格的布置，谈不上设计理念又分明用了心思。我走进这家客栈，院子种着几棵树恰好遮住烈阳，两米多长的桌子摆在树荫下，老板在躺椅上手里拿本英文书，我问他有没有房，他连身子都懒得动一下，用手指指院子角落的小门示意我。门上挂了把锁，打开门，一个完全蓝白相间的房间就出现在眼前。房间里只有一张床，一部吊扇和一张桌子，墙体被砌出的旋转物品隔断，墙上挖空成尖穹状供人放杂物。我喜欢这种简单朴素的房间，刚好的大小适合独住，最重要是价格也很可爱。

意大利老板看我还满意，就把钥匙交给我，不提收钱的事，继续看手中的书。显然，旅馆事业并不是他生活中最重要的，即便金融危机也完全不影响意大利的高额失业救济金，不少人拿着这些钱生活在印度，衣食无忧，他们把做公益或做生意当作副业对待，最大好处是只接纳喜欢的人，坏处是老板太过个性，合不来就会被撵走。这种事曾在马来西亚停泊岛上演，当时太过自信可以找到住宿地，岂料临海酒店和客栈全部客满，爬上山坡才找到空房，负责前台管理的姑娘看来是留下打工的游客，也算相谈甚欢，满口答应留房，待我转身背包准备入住时她反悔说房已被别人住下，事实是房仍空置只是她不愿意租给我。看着姑娘手里拿的大麻烟，前台横七竖八躺着的懒洋洋的人，果断想到她在排斥我，因为国籍和爱好。这件事并未影响我，但又提醒我旅行是件很私人的事，意气相投很重要，在碰到“八字蛮合”的人或事时，我会尽量表现得nice一点。

怎么才算nice？多笑肯定没错，古语有云“伸手不打笑脸人”，嬉皮也好，真心也好，笑容会很奇妙地改善自己和别人的关系。孟买有个著名的大笑俱乐部，每个周末都组织会员在公园哈哈大笑，主创人说“笑声是最好的药物，每天15分钟大笑足矣。”我承认傻笑很傻，特别是傻大笑，但在一群人中聊天，听不懂时的傻笑就是对自己最好的安慰了。

在意大利客栈住下才发现，大多住客来自欧美，我的英语口语水平就仅限于吃喝拉撒，谈深点的话题直接失语，何况是意大利人居多的地方，刚凑巧说得出几句，紧接着就是一堆鸟语的讨论，只剩我呆瓜般傻愣一旁。我讨厌自己傻冒似的被隔离，又无可奈何没苦练御敌之术，否则谈个环保或者支持手工业者之类的题目简直小儿科。

我想到伟大的儒家思想家孔子老师说过，三人行，必有我师。找老师学是来不及了，找老师聊聊呢？我看行……旅馆老板马洛克躺在树下看书，我也拿了本书坐在旁边，马洛克看看我，又看看我手里的书，问能不能交换看。当然，当然，我心想，几千年的方块文字凭你也能看得懂？

马洛克拿过我的书，那是由日本画家妹尾河童所著的《窥视印度》，画家将每家所住客栈或酒店以俯视角度绘出平面图，再配合一路上的见闻故事，阅读起来轻松有趣又感同身受。马洛克看得懂图看不懂字，他问为什么所有图都是平面图纸，这个问题也是我曾有过的疑惑，是因为作者的优越感要俯视还是艺术家特有的视角？我问马洛克为什么，他的答案比我简单，因为作者想要那么做，所以就那么做了。

有了交谈，话就顺溜多了。从中国文字、罗马字母，到意大利语，我暗自神伤地说，意大利语太难说了，和大家围桌而谈的时候顶多听得懂一半英语，还得是语速慢的，叭啦叭啦讲意大利语就成了雾霾伸手不见五指，完全不靠谱。马洛克看到我张开手的模样，忍不住笑起来，说会尽量讲慢点，好吗？

马洛克的话让我如领圣旨般欢天喜地把妹尾河童的书送给他，乐哉哉地跑回房间准备晚上要说的话要用的英语单词……这就是从小不学好的结果，英语老师虽然没有办法再责骂不上进的我，我却重拾学习之心一步步解决了独在异乡为异客的生存问题。

刚回房没多久，马洛克来敲门，带着油漆桶问我愿不愿意把门外那扇墙粉刷一遍。若在平时“为什么”一定说出口，不太好意思破坏先前营造的友好气氛，“好的”就冲口而出了。提着油漆桶站在大门外，刷蓝嘛，很简单。拿着油漆滚筒，由上到下滚来滚去，刚滚没几下，走过来一人，是住隔壁的姑娘，她说不对，不是这样刷的。她拿过滚筒，由左往右开始刷。没几下，又过来一个人，说她的刷法不对，是由上到下由右到左。接着又来一个人，又说不对，应该整桶漆泼上去，才有艺术风格。没半小时，就围了五六个人，各执己见……难道马洛克把客栈所有人都叫来粉刷了？大家都停住，说话间我又伸开手做了个“停止”的动作。这是马洛克交给我的工作，应该由我来分配，每个人一块墙，最后来比较。

这个方案得到公允，当然由我先刷，作品名叫《由上到下》（*up to down*），这也成了后来几天在客栈里我的外号，其他几位分别叫“由左到右”、“由下到上”……每个人在自己的作品前署上大名，等马洛克来点评。马洛克站在整堵墙前，沉思良久，突然打了个响指，说：“先吃饭。”众人哄堂大笑。

住在这里早上就可以定下晚餐，马洛克自称接受过传统严谨的意大利厨师训练，虽说没能在祖国实现厨师梦想，吃多了咖喱后就觉得他的手艺当之无愧是焦代普尔最好的意大利厨师。刚坐下就开始上菜，每个人面前摆着一杯自调的意大利柠檬酒，我们共同举杯，为完成一幅伟大的作品。酒喝到一半，马洛克敲杯说话，今晚有余兴节目，阿里巴巴和十个大盗，我是阿里巴巴，你们是十个大盗，只要找到藏在旅馆里的宝贝，就可以免掉一星期住宿费。

哇哦，这个活动简直像为我量身定做，谁能比得过我精明的大眼睛……想得美未必真的美，活动过程疯颠混乱，所谓宝贝谁也没找到，阿里巴巴全胜，十个大盗甘愿受罚，各自重新粉刷墙面。马洛克是个既敏慧又狡猾的商人，小算盘打得当当响，一点也没吃亏还得了满盘彩。

盛宴和游戏之后，人渐渐散去，有的去酒吧happy hour，有的回房整理一天的资料，有的坐在树下聊天，马洛克介绍坐在我身旁的意大利姑娘，她叫特瑞莎，特瑞莎辞掉工作，在焦代普尔乡村的一所公益机构工作，帮当地妇女学习工艺制作。特瑞莎会设计出融入传统手工艺和当地艺术的作品，再制作出成品，销售到世界各地，大概这就是“授人以鱼不如授人以渔”。我惊奇地看着特瑞莎，貌不惊人话也不多，这是特瑞莎正在做的事。我俩经常坐在长桌旁各自看书却很少交流。特瑞莎问我来焦代普尔做什么？这个问题让我顿足失语。我只是风光掠行者，一路走一路看，只拿走风景、经历和故事，也从未想过可以留在这里做些什么。曾经，认为背包旅行就是“除了照片什么都不带走，除了脚印什么都不留下”，特瑞莎的问题又让我重新思考该留下什么。我不自在地笑笑说自己是个旅行者，不知道该留下什么。特瑞莎从布包里拿出小手册和名片，全是有关公益机构的介绍，她说，让更多人知道有这样的机会帮助当地人，就是你为这座城市留下的价值。

我恳求特瑞莎邀请我一起去乡村走走，也许语言会是一道障碍，但肢体语言却能很好地让我了解正在发生的事情……特瑞莎在做很了不起的事，她和她的机构帮助妇女有独立生活的能力。和特瑞莎聊到很晚，旅行、人生还有钱，发现敢于辞职出走的她身上有很迷人的坚韧，也似乎在宣告她活得有多充足满意。

这样的夜那样的聊天，让我的梦出现一千零一夜故事中迷离璀璨的光芒，远不可及又近在手边。

来自意大利的“活雷锋”

都说男女搭配干活不累，
焦代普尔的市场里一眼望去摆摊却都是女人，
男人坐在茶馆聚聊饮茶。

如约，特瑞莎带我参观她工作的地方。

从城里出发，公交车1小时加步行10分钟，越到乡下的路，越是尘土飞扬，可路边仍有三五成群的人坐着，睁着杏仁一样的眼睛望着过往车辆，就像望着另一个没有自己的世界。我也在张望，路边偶有茶摊和地摊，将男人和女人分划区域，茶摊属于男人，地摊属于女人。在城里的茶铺和市场也是如此，难道焦代普尔有女工男闲的风俗？

男权占据主导地位的印度，男人可以继承家族财产，继承种姓阶层，可以娶低阶层妻子而不用降低地位，女人则不行，她们从来没有过选择，不幸爱上低阶层男子执意婚嫁，丢掉家族头衔，还得被降阶层。如果婚姻是一场交易，谁肯做赔本买卖呢？每个人都睁大眼睛打量对方资本，很少出现跨阶层婚姻，也造就了无数穷人家的女子越嫁越穷，还得撑起家中一片天空的悲惨遭遇。

坐在那里喝茶的男人们怎么想的，我猜不透，只看他们悠闲聊天的宽阔眉宇，即知生活无忧有人担当。特瑞莎看到男女地位如此不平等比我还生气，她亲眼看到过没有

地位的女人累死累活还要伺候丈夫，却仍换不来半点尊严；也见过抱着襁褓孩子在叫卖的妇人；还见过年过八旬仍守着小摊的妇人……当一件事触动太深就会反应最大，特瑞莎结束旅行，结束工作，带着公益项目又来了。她说，直接给钱简单容易很多，但不能帮助她们真正站起来，只有让她们学会手艺卖出商品，越卖越多才能真正改变她们。项目刚开始时，特瑞莎接触到一个因为生了女儿被丈夫抛弃的女人，初见面被女人和孩子瘦骨嶙峋奄奄一息的样子吓坏了，特瑞莎为她们找了房子，告诉她怎么工作，现在每个月收入有一百多美元，这笔钱看似不多却很了不起，全凭自己双手所得，足够丰衣足食。

走进村子，几个孩子看见特瑞莎，赤脚带着灰就跑来拥抱，特瑞莎抱起一个孩子，亲昵的左亲右亲，看得出来她们有特殊深厚的感情。房子走出几个女人，穿得普通朴素，也露出友好尊敬的笑。“今天过得好吗？”特瑞莎问。得到满意答复后，特瑞莎示意我自己四处转转，看看正在工作的女人们是如何完成一件作品。

以我浅薄幼稚的心直面厚德流光的场面很不自在，拿着相机拍几张，围着看一会，不知如何自处且不知该怎么表达，干脆坐在一旁的凳子上，看这些曾经失意或失败的女人们，此刻专注的后面是勇气和独立。

在这里，没有人推销，没有强迫消费，但我仍花了些钱买了些拉贾斯坦风格的绣片，陈列在橱窗里的银器、皮具或衣服也很吸引我，只是无奈背包太重无法负担不得不放弃。从来就不喜欢道德绑架，但此刻却很自然地想要去鼓励正在独立路上的妇人们，她们只是很小一部分人群，但希望有一天这个群体会变成很大一部分人，更希望她们不再依靠婚姻和丈夫。

回到城里特瑞莎和我就分开了，她要回城里的办公室，我要回客栈消化这一天的乡下见闻。

我很喜欢去乡村，但凡听说哪儿有古镇就会找时间去逛逛，去过的古镇大多仍保持农耕，街巷井亭经历几百年风雨没什么变化，如果按吃饱穿暖电视冰箱齐全的标准来看，他们都过得还好。在印度这个贫穷率这么高的国家，乡村就是名符其实的乡村，没有什么建筑，没有什么收入，家徒四壁还受种姓传统制度的约束。面对强大差距，我承认自己做不到心平气和的生活，这也是特瑞莎让我钦佩的地方。特瑞莎不是那种人，以关心别人来显示自己富有同情心和优越感，按我们的说法她就是活雷锋，远从意大利来到印度，参与妇女解放运动，支持妇女独立的杰出代表。

偶尔，仍和特瑞莎坐在客栈的树下看书，我们没有继续交谈，但有种默契在我们之间漫延。临别前，我邀请她有机会到中国走走。特瑞莎笑笑说，是去传经布道吗？我白了她一眼，知道她在开玩笑，说：“我们中国妇女地位高着呢，家里能管半边天，还有种男人叫‘气管炎’呢……你找个中国老公就明白了。”

只在春天绽放的节日

这是一个只在春天绽放的节日，古老得人们都记不住从何而来，只记得要在迎新春的时候，洒尽一年都用不完的颜料，拼了命似的疯狂。

它叫洒红节，庆祝春天，庆祝新年。

洒红节每年2～3月间举行，庆祝时间的长短不一。又称霍利节、荷丽节、胡里节。在印度，洒红节又是印历的新年。洒红节原是庆祝春天，与创造和复始的行动有关，代表春分和谷物丰收。在洒红节期间，无论哪个种族阶层的人们都会身穿盛装、载歌载舞，尽情地用五彩缤纷的颜色装扮自己，迎接春天的到来。

我没有亲历过洒红节，去的时候正值少有节日的夏季，但餐馆老板女儿的相簿里有她一家子洒红节的照片，任我遥想如此快乐又疯狂的节日。

阿什米塔是餐馆老板家的二女儿，大学毕业后没有找到合适的工作就留在家族餐馆当帮手，说是帮手也就是搭个眼衬托下，父母的溺爱使她不谙世事，显得活泼可爱。阿什米塔的妈妈是主厨，从点餐到吃到嘴得等上1个小时，最好的办法是事先告诉阿什米塔今晚打算吃什么。第一次走进餐馆，我对阿什米塔说想吃点当地好吃的，心领神会的她小声对妈妈说了一会儿，1小时后就在锡色餐盘中看到五六个小碗里盛放各种配食，饼煎得干又脆如薄纸般还带

点薄荷味，米饭润而不干，那一餐就算哼着小曲吃毕也不为过。此后，阿什米塔和我仿佛默契般，我只需告诉她过来吃饭的时间，吃什么怎么吃都由她安排，每天竟能吃到不重样的食物。虽还是薄饼又能吃出别的香料味，虽是黄瓜又与前次做法不同……不能夸张地表扬为饕餮盛宴，但说是小家碧玉丝毫不为过。

阿什米塔会邀请我去她家坐坐。参观未婚女孩的闺房，可是印度男人梦寐以求的事啊，当然求之不得。阿什米塔家在巷子深处，院内两座两层楼建筑，一座是已歇业的家庭旅馆，另一座自住，她的房间就在二楼。走进房间，发现床和衣橱占据了大半个房间，好奇她究竟有多少衣服……纱丽越多越能证明自己的美。阿什米塔打开橱门，让我欣赏，顿觉一道光闪过，眼睛都亮起来，看情形纱丽就是阿什米塔的收藏，少说也有几十套色彩不同的纱丽，配合各种场合的穿法都搭配好了，这可真不像普通家庭能承担的收藏。

原来阿什米塔念的是服装设计，可惜学成之后就业太难，父母不放心她到其他城市发展，索性在家等媒婆说门好亲事。在漫长的婚约等待期间，阿什米塔仍坚持自己的爱好，收集和设计搭配各种场合穿的纱丽，城里的纱丽店她都了如指掌，她指着一款极其简单面料轻柔的纱丽说，这是专为洒红节设计的，每年家里亲戚都会聚在一起度过热闹的洒红节。

洒红节是印度传统新年节庆，既成全亲友团聚，也是开解心结的机会。洒红节是孩子们眼中最好玩的节日，大人们也有所期待的日子。阿什米塔家在洒红节前夜就忙碌开了，前一夜会举行隆重庄严的祭祀活动，点起熊熊篝火，把用草和纸扎的霍利卡像抛入火堆烧毁，有点类似我们春节的年兽在迎新之时遭到驱赶。家族成员围坐在一起，由家族中的年长者轮流为一家人赐福。一周的洒红节，每个人每天都像染缸泡了又泡跑出来的，浑身淌着未干的色料，又载歌载舞起来；若是哪个染得不够深，还会受到所有人的统一“致礼”，一桶又一桶的颜料就这么直愣愣地从头顶倒下，这种时候根本没时间生气，赶紧拿起手里的水桶奋力还击……看起来很冲击很暴力，却在无形中化解往日的不快。

洒红节听起来真像泼水节，阿什米塔摇摇头说那是两回事呢。洒红节的出现比基督教的起源时间还要早，各种史诗巨典中有各种关于它的传说，最重要是这一天种族阶层消失了，低阶层的人可以向高阶层的人泼水泼颜料了。

关于洒红节有四大传说，皆与诸神有关。第一个版本是春节本是万物复苏的季节，人们将春天视作爱神的伴侣，在这个季节谈情说爱，湿婆睁开了第三只眼并将爱神烧成灰烬，人们在洒红节这天为爱神献上芒果树的花瓣与檀香油膏，久而久之演变成洒红节。第二个版本是一位名叫朵黑的罗刹女，由于谋害了皮苏国的儿童而被村庄里的年轻人叫喊并捉弄着赶走了，湿婆让身披战得到阿什米塔的允许，翻拍她的家庭相册，可以使用在我的书。她很高兴可以有机会让别人知道她家在洒红节时的开心快乐，更希望让人了解到她生活在一个传统幸福的印度家庭。

甲的男孩们叫喊、肆意地捉弄她，使朵黑无法使用法力。所以洒红节期间，人们可以尽情叫嚷骂人捉弄别人。第三个版本是神话中摩嘎拉莫尼阿克国国王黑冉亚卡希普命令王国里的每个人都要敬仰他的妹妹胡里卡，但他的小儿子普拉腊德拒绝这么做。他成为了毗湿奴的奉献者，因为胡里卡拥有在火中不受伤害的能力，黑冉亚卡希普要求他的妹妹去杀死普拉腊德。胡里卡抱起普拉腊德走入大火，没承想普拉腊德吟唱神名从火中得到拯救。胡里卡不知道自己的能力只能在独自走入火中时施展而被毁灭。延续神话留下来的纪念是洒红节的各种活动中仍有往火中投掷牛粪，并冲其叫喊辱骂的活动，仿佛胡里卡仍被禁锢在火中接受万人唾骂。第四个版本来自史诗《摩诃婆罗多》。传说国王希兰卡亚西普生性残暴，他的王子普拉拉德爱护百姓受到拥护，普拉拉德也对父亲的残暴表示不满，遭到父亲惩罚。他的父亲让不怕火烧的公主霍利嘉抱着普拉拉德跳入大火想将其烧死。但结果公主被烧成灰烬，王子因毗湿奴的保护安然无恙。百姓们为了庆祝，便向小王子身上泼洒七种颜色的水，洒红节便由此而来。

听阿什米塔讲完，我问她相信哪个版本的神话。她大笑起来，说神话都是编来唬人的，人们只是遵照传统，年轻人则图好玩，没人在乎神话还是传说。当然，每年洒红节仍是家族的重要节日，她也可以在这天向所有人宣告自己学有所成，待字闺中。

看着阿什米塔，真无法想象会是怎样幸运的男孩能将她娶回家，父母也曾为她物色了几个男孩，但看看照片就叫人失望。我问阿什米塔有没有想过嫁给老外，阿什米塔睁大眼睛惊讶地说，这在印度可是很无耻的事，家族的脸面都会丢光啦。听她这么一讲，才回想起在印度遇到过的各种老外牵的都是东亚女孩，确实没有见过有印度女孩跟老外在一起的，只能一声叹息，感叹一下传统的力量，不知是好还是不好。

杰萨梅尔，勇士与美女成就的传奇

漫无边际的沙漠，长长的铁轨，漆黑夜色中划破天际的车轮声，
来自火车头的橘色灯光闪耀着流星般的光芒，如清远辽阔的画面佳作。
清早醒来拍掉皮肤上的沙，
恍然间瞅见同车印度女人们扯下纱丽扬手抖沙粒，姿态优美，妙趣盎然。

千年城堡后隐藏的美丽

都说杰萨梅尔的女人们风情万种，
这四个字只有见到才会明白。

如果不是因为美女，杰萨梅尔也许只是印度西南部拉贾斯坦邦一个偏远的沙漠小镇，正是因为美女，无数游客不远万里地前来拜倒在杰萨梅尔女人的“石榴裙”下。据说杰萨梅尔女人的美丽足以攻下一座城堡，堪当千军万马，早已悄然征服了世界。

对杰萨梅尔的美女，最初的印象来自于每年的世界小姐选美。在众美云集的全球性大赛上，大多崭露头角的女孩都来自杰萨梅尔，她们的轮廓看上去充满西方人特质，眉宇间又透露出亚洲人的温婉、含蓄，喜欢用明眸和纤手在音乐中表达优雅。那是一种融贯东方西方的女性美，能让世人赏心悦目，也能让征服世界的男人甘愿被她们征服。

至少，杰萨梅尔的美女征服了勇猛无比的“沙漠侠客”近千年。杰萨梅尔建于1156年，据说建造者拉瓦贾萨（Rawal Jaisal）是拉其普特的巴蒂族（Bhati）的后代。巴蒂族是沙漠中最彪悍的族群，早期以在沙漠中做些偷盗抢掠、征收税钱的勾当起家，但却充满侠义风气，豪放不羁、自由勇敢，被称作“沙漠侠客”。在塔尔沙漠只需报出巴蒂家族的名号，就足以令对手闻风丧胆。据说，碰到他们生气发怒时，相邻的城堡竟要关上城门，以防他们的怒火殃及池鱼。

不知是侠客们偷香窃玉，还是美女们投怀送抱，反正巴蒂族男人都能选到国色天香、倾城动人的女人成为他们的妻子——杰萨梅尔的美女的渊源与历史，或许便可追溯至此。勇武的男人与美貌的女人在沙漠上繁衍数百年，美丽从此便成为了一种优胜劣汰的遗传基因，最终成就了杰萨梅尔美女的世界声誉。

巴蒂族人的野性注定拉瓦贾萨是不甘平凡的男人，他竟然为自己的王朝修建起了一座用沙土建成的城堡，奢华无比的城堡高高耸立在沙漠上，阳光照上去泛着金色，有如沙漠的王者，仿佛聚焦了所有沙粒的反光，难怪被誉为“金色城堡”。

欣赏过杰萨梅尔的美女，再看金色城堡，会不由自主地想到“金屋藏娇”。幽闭的金色城堡，不知道夺走了多少杰萨梅尔美女的青春。国王拉瓦贾萨看来是个妒忌心颇重的人，为了独享国色天香，他甚至将城堡里的窗户都修建成了镂空风格。王妃们站在窗口可以窥视外界，外界却根本无法看清窗户背后隐藏的美丽。

所以，每当靠近窗户，我都会低头寻找，总感觉窗户前，应会有一双脚印——数百年前某位王妃在伫窗远眺时留下的脚印。那位蒙着面，贵为王妃的杰萨梅尔美女，在探望和守护着心中世界时，如果再给她在华丽宫殿和颠簸的驼峰间作一次选择的机会，她会不会选择与沙漠侠客们纵横大漠呢？

扮成印度女人模样，穿着纱丽半蹲着买些让人目不暇接的花花绿绿。只有在印度才有如此泛滥的色彩，女人才有如此多的美丽吗？

梵天打翻了调色板

美丽需要装扮，即便美如杰萨梅尔的女人，也不例外。

杰萨梅尔的女人选择浓郁色彩来装扮自身的美丽——或许，选择浓郁且迷乱的色彩才能平衡沙漠那无边广袤的单调颜色。当自然的色彩过于单调，她们没有理由不把色彩弄得丰富浓烈些，好让在外驰骋、被漫天沙尘弄得两眼枯黄的侠客们，一回到家中便能眼前为之一亮。

印度老人讲，是创造之神梵天为杰萨梅尔的女人们打翻了“调色板”——石榴粉、玫瑰红、薰衣紫、太阳金和草原绿，混合交错使用，加上色彩斑斓的手镯、丝巾和头巾等配饰，活脱脱的“印度西施”跃然而现。而每年杰萨梅尔的“色彩节”，更是将单色调的小镇陷入色彩的海洋，每个人像置身在梵天的调色板里，恣意地玩弄着各种颜色。

杰萨梅尔的女人，一直恪守着印度服饰的传统风格——纱丽。纱丽通常由一块长6米、宽1米多的丝料做成，色彩丰富到超乎想象，无一例外全是明亮的艳色，每块纱丽都配有金绣暗纹。每个穿纱丽的女人都有如一座怒放的花园，为沙漠送去缤纷与芬芳。走在杰萨梅尔，不必担心刺眼的沙漠阳光，倒要担心被无处不在的、妖娆摇曳、万紫千红的纱丽女人们刺伤眼睛，从此再不会欣赏平淡的美。

正午的阳光晒得人睁不开眼睛，而旅馆老板娘的女儿丽娜已经开始了她每天的功课——带游客去城堡里熟悉的店铺定制拉贾斯坦风格的纱丽。

杰萨梅尔的女人们，无论贫穷或富贵，衣橱里必定放有数套纱丽，每种色彩都不会缺失。丽娜的衣橱也不例外，各种颜色的纱丽被整齐配套地分类摆放。日常生活、出席宴会或走亲访友，不同场合配搭相应的纱丽，是印度中产阶级社交最基本的礼仪。可丽娜还是抱怨没有足够的钱拥有杰萨梅尔女人衣橱里最基本的行头，就连参加同学婚礼的衣服也还没有准备好。

丽娜用很多盒子装着她的手镯、脚镯、耳环、项链和腰带，因为纱丽的色彩浓艳，必须要搭配同样色系的配饰才不会突兀，所以每次出门前，选好纱丽后还要再选一堆配饰。丽娜笑着说："杰萨梅尔的女人出门可是件累人的活！"

丽娜带我去拜访了城堡里年纪最老的莎尔达婆婆，据说她已经七十多岁，是"金色城堡"里依然保持巴蒂族传统的妇人，年轻的时候还是城堡里最会唱歌跳舞的姑娘，无论什么节日，她都会被推举出来作为首领，大家对她心悦诚服，不仅是仰慕，更钦佩莎尔达的为人和品德。德高望重的莎尔达婆婆一说起杰萨梅尔的色彩，就禁不住双手合十，虔诚地祈祷说，是尊敬的梵天把色彩盒子送给了杰萨梅尔，才有如此炫丽辉煌、美丽妖娆的女人们。

对大多数慕名而来的游人来说，城堡最宝贵的财富就是城堡里的女人，她们拥有绝世的精致、撼人的美丽，是走在路上迷人的风景。

被这道风景迷住的不止我，还有来自意大利的巴克斯。

巴克斯除了每月坐车去德里的意大利大使馆领失业救济金，其他时间都呆在城堡。他说："不要在杰萨梅尔坠入爱河，否则永远都无法离开。"

巴克斯第一次到杰萨梅尔时，就被路上流动的风景线击倒，觉得每个隐藏在纱丽里的女人均堪称美女，丝绸遮掩下的笑容电力充沛，让他神魂颠倒，忘记了回家的路。巴克斯很认真地解释说，自己并非花痴，而是被一种只有杰萨梅尔独有的美打动，所以才留下来。他用失业救济金过着洒脱的生活，事实上那份救济金足够他在亚洲转悠好几圈了。

巴克斯留下来还有个更充分的理由，他爱上了当地女子穆尔切。

穆尔切住在城堡外的新城，弯弯曲曲的街巷藏匿有不少富豪家族的宫殿建筑，但穆尔切却是个贫家姑娘，她的丈夫早年过世，留下一个3岁的孩子。

在杰萨梅尔，有一种纱丽是女人最忌讳穿第二次的——婚礼纱丽。按照传统习俗，在丈夫死后，妻子要将结婚的纱丽穿戴好，打扮成新娘子的模样装扮16天，最后换上素白纱丽。而那遗下的日子，妻子只能穿白色纱丽，直到再婚。

穆尔切没有抱怨过，她甚至庆幸生在了各方面都日渐开明的现代。如果在几十年前，丈夫去世，妻子必须以身相殉。所以尽管在世人眼里，丧夫的女人失去了美丽的资格，她仍庆幸可以活着，可以与孩子相依为命。

当巴克斯作为普通欧美背包客进入"金色城堡"时，完全没有意识到爱情会突如其来。对于俩人相爱的细节，巴克斯不愿意透露过多，想必一定既浪漫又艰辛。在穿越种族、宗教、习俗后，巴克斯按照印度传统迎娶了穆尔切，成为穆尔切的第二任丈夫，埋葬了穆尔切衣橱里所有的素白纱丽。

夕阳西下，余晖照在“金色城堡”，整座城堡泛出神奇的光芒，仿佛为茫茫塔尔沙漠加冕的一顶王冠。城门下，色彩斑斓的女子缓缓而行，眉宇眼角间流淌着大气且坚韧的笑意，神态庄重而圣洁。这个时候，几乎所有游客都不由自主地举起相机，想要拍下瞬间的感动。这世上，要美丽不容易，要找到欣赏爱护美丽的人更不容易。沉浸在月光中，有如穿梭了时空，我仿佛看到几百年来沙漠侠客与杰萨梅尔美女相偎相依的身影。粗犷的沙漠，因此而柔情无比滋润无比。

都说女人是水做的，宝玉若生在印度，又当如何？该是一声叹息吧。我的镜头中女人远多于儿童和男人，关注她们，就像看见另一个自己，或流浪，或乞讨，或被弃，或华贵，或幸福。

我的远方在他乡

我总在是寻找远方，骆驼也在寻找远方。
我的远方在他乡，骆驼的远方在沙漠。

当地人称沙漠旅行为safari，像游猎的假日旅行，我有点傻傻的想起鸣沙山，如星级酒店般。游猎旅行在印象中应该是猩红的猎装，头戴黑毡帽，骑着骏马，猎犬引路策马扬鞭追逐猎物，一派英国贵族模样，但在印巴交界地区，一切将会是怎样?

事先约好的旅行社，其实就是开杂货铺兼营各种业务，其中包含各种旅行项目的小店，工作人员开了辆皮卡在城堡外的停车场等，大概1小时后到达一个不知名的小村庄，从那里开始沙漠safari。

去过戈壁，对荒漠也有准备。皮卡车停在一个完全建在沙上的村庄，站在村门口等我的向导拉玛，瘦而不弱体质蛮好的模样，15岁的孩子长得着急了点，手里拿个自制玩具，铁丝缠出两圆轮能推动的玩意，我问他推来推去做什么，他憨憨地笑，说好玩。说是村，只是用栅栏围起圈就算居住地的村落，房屋低矮赤壁无物，大人孩子身上穿的不算破烂却也很旧，几乎所有人脚上都没有鞋。难道在沙漠里不时兴穿鞋?答案当然只有一个：贫穷。穷困让这里的孩子没有鞋穿，也从没见过袜子或完整干净的衣服。可他们为什么还不离开，特别是在人口流动率那么高的印度?我没有答案，也没人给我答案，但世居情怀总会有故土难离的依恋。

拉玛是个不多话的孩子，他叫我等，不解释是等人还是等骆驼，我傻傻站在沙地里，风和沙一起吹过来，就差把我埋掉。半小时后，拉玛牵了只骆驼走过来，敢情骆驼也是在别处借的。

“你坐上去。”拉玛说。没经验的骆驼显然没受过训练，不知道要蹲下来让客人坐上去，我有点傻眼，骆驼的高度根本不是我一脚蹬得上的。

“你坐下来。”拉玛对骆驼说。骆驼蹲下来，我刚坐上去，骆驼就抖抖不自在的身子，当场把我甩到地上。不受欢迎的我被摔得晕头转向，爬起来的瞬间还被骆驼蹄子扫了下。重庆人骨子里遇难则强的个性让我鼓足劲抓住骆驼缰绳，用力一拽，骆驼被我一闹腾，再加上拉玛的训斥，竟乖乖顺势蹲下来，我把一星期吃十四次火锅的勇气拿出来，踩着脚蹬跨上去，坐在驼峰之间。拉玛竖起大拇指，傻傻地对我笑，这大概是他头一回见到如此剽悍的东亚女人吧。

骆驼安顺了，拉玛光着脚牵着骆驼走向沙漠深处，safari算是开始了。几个小时，风吹，沙吹，沙漠一望无际，一座丘连着另一座丘，孤寂又乏味的风景让我的眼皮打架，拉玛却不肯停下，说还没到看夕阳的地方——大漠孤烟直，长河落日圆。可惜眼前的大漠毫无古诗中西部大漠的苍茫豪情，也许塔尔沙漠曾在数百前有过无数英雄与边关的故事，虽是全球十大沙漠之一，我却找不到诗意泛滥的文艺情怀，只有被沙吹得睁不开眼的尴尬。现下，我如那只蠢笨的骆驼，眼里只有远方，或孤寂或从容。

拉玛拴好骆驼，指着沙丘说那个位置是欣赏沙漠日落的最好位置。夕阳没来，周围只有拉玛、骆驼、沙漠和天空，能说话的是惜字如金的拉玛。我对拉玛招招手，叫他坐在我旁边，问起拉玛几岁，家有几口人，读过什么书，拉玛的话多起来。

拉玛总在没活儿的时候推着他发明的小推车，像司机转动方向盘似的拨弄铁圈；他的奶奶站在门前，四处张望，不知道在想些什么。

金色的光

广袤的塔尔沙漠从未犹豫
金沙堆出来的城池
看似宏伟又藏有柔情万种的精致
城里的男人和女人
把心事都寄托给远方
那是驼骆的，也是行者的
还是一座城堡的远方。

拉玛是家里的第二个儿子，他父母生了7个孩子，大儿子跟随父亲常年在外工作，母亲在家带孩子，从没读过书的拉玛可以讲母语之外的英语、法语和意大利语，别看他年龄小，可当骆驼向导已经5年了。当骆驼向导工资并不高，每周14美元，遇见大方客人就有些额外的小费收入。我问拉玛收过最多的和最少的小费，拉玛嘿嘿笑起来，像想起很甜蜜的事。

有一年，杰萨梅尔特别干旱，游客来得也不多，有对德国夫妇带孩子来safari，拉玛负责做孩子的骆驼向导，其实什么都没有做，那孩子嚷着叫父亲给拉玛100欧元小费。1美元两美元的小费也收过，有时客人不开心，就给得很少了……整天面对游客的拉玛历经世事的成熟已超越年龄，思考的问题远比我质感。拉玛担忧很快会失业，塔尔沙漠曾是印度军队举行军演的地方，谁也不知道摩擦丛生的印巴关系什么时候会紧张，一旦沙漠不允许游客进入，失业会影响一家人的吃饭问题。

15岁，我读言情小说，看粉红漫画，买漂亮衣服，人生就是遥不可及的字眼。眼前的另一个15岁，没有读过书，没有像样的衣服和鞋子，拨凉的心也刺不痛皮肤，人生只有“惨淡”两个字。有一天拉玛会走出这片沙漠吗？谁也不知道……

又是一个寂寥的远方，又是一个充满故事的远方。我从未想过某天会在天苍苍沙茫茫的沙漠思考生命与自我。但我又确实这么做了，企图向“最后的儒家”梁漱溟致敬，说最后一句话：“我太疲倦了，我要休息”。可惜这片沙漠并未回应我的呓语，这样的远方只属于驼骆，也许只因为即便它瘦死也比马大。

拉玛坐在我身边，斜阳照亮起伏的沙丘，如海浪般的金色线条柔美韵致，透着苍凉的温柔，迎着余晖的光，我的脸和拉玛的脸都晒得红彤彤，我不得不承认，拉玛的故事触动到了我。我在想我的人生，他的人生，很多像他那样孩子的人生。

“如果你愿意，我会很开心，比如多给一些小费。”拉玛讲完他的故事，用这句话打算结束谈话。他的话令我惊讶，又像是意料之中。

现在就给吗？我问，收拾好碎了一地的同情心与正义感，想起刘墉先生的书《人生的真相》。

“如果你高兴的话。’拉玛的话说得自然从容。我相信拉玛的故事，但拉玛确实在兜售他的故事，我必须得为这段故事付个合理的价格。最终我付了10美元，于我是笔很小的数目，于拉玛是笔重要的收入，但此间心情已不如先前。

人生就是这么奇怪，对各种人生的真相缺乏免疫力，结果待到真正的结束，会有始料未及的遗憾。儒家思想几千年的文化力量影响了一代又一代东方人，让我们精于思考、自省。太多的独自背包远行，一些沉淀一些遗忘，习惯沉默安静地思念或走进远方的故事。如果总是问为什么要一个人旅行，为什么要安静地思念，为什么要迷恋远方的故事，又会发现这个世界没有那么多为什么，会发现自己有多肤浅、盲目、混蛋。远方的故事并不需要我的存在，安静思念的人并没有在想我，一个人旅行时的孤寂与洒脱总相矛盾，我却仍然执著。

路上的温暖，足够一生享用

后来才知道，偌大的杰萨梅尔古堡，大半数的人都知道我的眼泪我的事，所以当我坐在台阶上发呆时，总有个人会走过来陪我说几句话；走过巷子，会有慈祥的老人叫住我，摸着我的手说些听不懂的话……

结束沙漠safari回到古城，客栈有留给我的消息，一个噩耗传来。我急忙直奔公用电话店，拨通熟悉的电话号码。电话那头，是家人低沉的声音，老人生病了。听到消息我就没忍住眼泪，说着说着就大哭起来。

一个独行的女子，坐在空寂的电话旁，哭得稀里哗啦，挂了电话，仍坐着哭了会儿。语言不通，环境陌生，没人催我离开，也没人安慰，店里老板娘和孩子看在眼里，默默坐在一旁。哭得差不多了，抹掉眼泪准备付账，一摸钱包，印度卢比用光了，付美元人家也不收，老板娘手一挥，说了个简单的字：next，意思是“下次再给我”。

勉强挤出点微笑，感激地看了两眼，艰难地回到客栈。走进房间，顿时坐在地上又开始哭。旅游淡季的杰萨梅尔，游客很少，客栈空空如也，我是客栈唯一的客人，从伙计到老板都惊动了。小伙计敲开我的门，问我怎么了。我边说边哭，泣不成声：“家里亲人病了，我要回家。”

杰萨梅尔没有机场，最近最方便的机场在首都新德里，就算连夜往家赶，也得三天三夜。客栈老板走过来，递来他的手机，说：“你还要打电话吗，听说你在找能打回中国的电话。”仍是感激地看着客栈老板，摇摇头说：“已经打过了。”

也不知哪里来的伤心，哭了很久，直到渴了饿了。走出门时，客栈的小伙计一直坐在门外，也许是听我哭泣，也许是担心我出事，看见我时，露出笑容说："今晚天气很好，晚上天台可以看见很好看的星空。"

我笑笑，不置可否，着急出门是突然想起得去货币兑换店换些卢比。赶到兑换店，才知道周末不营业，一屁股坐在店外石头上，眼泪又开始打转。兑换店旁是家食品店，年青老板看我呆呆傻傻地坐在门外，递来一瓶刚来的冰镇饮料。

"我没有卢比。"我着急地说，差点又流出泪来。

又是一句"next"。年青老板把饮料放在我旁边，走开了。

拿着饮料瓶，走回客栈，满脸沮丧。小伙计又迎上来，问怎么了。我说兑换店关门了，身上只有一百美元的大钞。小伙计听后叫我等等，不一会客栈老板过来说，把美元给他，他换卢比给我。

有钱了，心情好像好多了，又给妈妈打了通电话。看似平常的对话，说的时候还是忍不住又一阵哭，这眼泪就像开了闸关不了门，把这些年，这些天，这些人和这些事都哭了一通。

电话亭老板娘递来纸巾让我拭干眼泪，变戏法似的拿出几颗花花绿绿的糖，非要放在我手里；走去食品店结账时，老板又递给我几颗糖，不说什么多余话；傍晚去街边餐厅吃饭时，餐厅老板听说我想吃中国菜，让我自己进厨房看菜做饭；晚上客栈小伙计在顶楼露台铺好床，让我枕着星河而眠……后来才知道，偌大的杰萨梅尔古堡，大半数的人都知道我的眼泪我的事，所以当我坐在台阶上发呆时，总有个人会走过来陪我说几句话；走过巷子，会有慈祥的老人叫住我，摸着我的手说些听不懂的话……总有不经意的关怀眼光，总有不必说出口的安慰。这一切，只为我。

粉红之城，时光的琥珀

回不了国的原因有很多，幸而老人转危为安，只好继续独自旅行。原本错过的“粉城”，特地坐车去了。在拉贾斯坦邦转悠了半个月，现在才进入它的首府——“粉城”斋浦尔。

粉色总被赋予温柔而稳重的一面，对粉色偏爱的不只是女性，也有天才型的男性，如达·芬奇和爱因斯坦，这两位杰出的男性，在历史八卦中除有帅气逼人的外貌，男孩般的魅力，还有纷繁复杂的生活。这两位男人与印度结下不解之缘，达·芬奇对印度文化的痴迷直观地出现在他的画作中，备受争议又被世人赞叹的《最后的晚餐》中，达·芬奇仍大胆表示了自己对印度文化的热爱，画作中的主角耶稣左肩右肋上有印度佛陀式的披肩。爱因斯坦更多次访游印度，与泰戈尔是跨国又跨界的好友。

在1876年之前，斋浦尔的色彩还没找到归宿，国王居住的琥珀堡泛发古董气质的淡黄色，街头建筑大多用泛着砖红色的砂岩建成，人们凭着个人喜好把建筑粉刷成蓝蓝黄黄绿绿的样子。忽如一夜，大英帝国的威尔斯王子要来视察远在印度洋的殖民地，斋浦尔国王为了显示热情的欢迎和城市规范统一的气质，下令将城里建筑全部刷成粉色。不知道见过世面的威尔斯王子看见一座粉色之城呈现眼前究竟作何感想，但一定佩服欣赏敢于将城市一夜之间变个颜色的国王——辛格二世国王，这是何等忠贞的归顺啊！

带着这样的错觉走进斋浦尔，多少有些微诧的情结。儒家文化自小教导忠、孝、信、义、雅，却不知道从什么时候又开始质疑和目空一切，骨子里总跳出要与众不同的小思维，小抗拒，史实要怀疑，新闻要怀疑，眼见的要怀疑，耳听的也要怀疑，从来不知原来心间的算计会这么严重影响到所看见的风景。世上最诚实的莫过于建筑和地理，分毫变化皆历历在目。曾经，一位朋友和我大谈不必着急环游世界，山水一直在那里，一百年前和一百年后都诚实地在那里任游者跋山涉水。当我站在斋浦尔街头，想象如果一百多年前的故人重归故里，该怎样流着眼泪找不到回家的路……就像我常在梦中返回儿时旧屋，几间平房一个池塘，永不复回。

这里是粉城

斋浦尔
国王为迎接另一个帝国王子
将城市建筑一夜之间
换成粉色
你会看见
一座城市的天空
都泛着粉红之光

想太多注定结局会逆转。走到琥珀堡，突然倒抽一口气，眼前竟然不是粉色建筑。原本以为从头到尾的粉色之城，竟隐藏一颗琥珀之心。我想了几千年的儒家或几百年的殖民文化，此时就像个笑话——谁都不傻，辛格二世国王或威尔斯王子。

城堡高高在上，阳光下远看如一块璀璨的琥珀。从1592年到现在，经历了几十任国王，城堡一如从前保持石料的瑰红和大理石的奶白。国王每天晨昏起居，走过镜之宫殿，穿过华丽长廊，爱着无数妃嫔，那颗直到海枯石烂也不变的心却是最忠实的城堡。

粉色大街上，匆忙的路人带过的风有股迷香气息，仿佛这座城还隐藏有什么秘密未被人知。

风之宫，婉约千年的奢华

在洛可可风格盛行的18世纪，帝王与贵族眼中只有无尽奢华，所有建筑都被赋予了不规则灵动的豪华，一些新派印度建筑在摇摆的印度风格和伊斯兰风格之间找到方向。斋浦尔的国王追求卖弄风情、逍遥趣味的建筑，才有了妖媚柔靡的风之宫殿——建筑的最高层有935个半八角形，细致狡黠的窗格有恰到好处的视野，每一个窗格都有来自另一面世界自由的风。王妃们站在窗边，街市上低俗的人们却看不到她们。之所以修建巨大屏风般的风之宫殿，是因为国王不愿他的女人们抛头露面任人评说。每当有盛大庆典和隆重游行，王族女眷们就会站在窗格边尽力看清热闹喧嚣的市井生活，爱八卦的平民小伙就会仰头长窥，试图透过高高的窗户一睹芳容，却从无收获。有时路过风之宫殿，月色下的建筑如巨大的墙立在空中，风穿过窗格的声音清脆入耳，建筑之美此时无比兴盛。

斋浦尔王室的奢迷注定会出人才。1975年玛哈拉妮王妃因违反税法被关进监狱，只为改善监狱空气，王妃将整瓶昂贵香水倒进监狱下水道，受审时她坚称只想减轻监狱的难闻气味，抱怨监狱没有王宫舒适。事情在当时引起轰动，人们谴责王室铺张浪费，王妃却不以为然，原本清新香甜的香水因此改名，寓意迷人的叛逆，不悔改的高贵。风之宫殿前长长的公路混杂汽车人流，弥漫着重口味的工业尾气，可惜那位奢侈迷人的王妃已逝，否则她怎能容忍心爱的王国如此污秽?

是什么让斋浦尔王室有的是钱任意挥霍？答案是宝石。斋浦尔盛产红宝石、蓝宝石和祖母绿，小小的城里竟有50多万人从事宝石行业，珠宝店鳞次栉比，每座店都在橱窗里摆设打磨得闪耀夺目、价值连城的宝石。工匠师傅甚至会在现场根据客人要求，将一颗原石打磨成独一无二的款式，这对任何人来讲都是无法抵抗的诱惑，连我也差点因此刷爆信用卡。都说智慧的人才有识货的眼，事先也曾提醒自己，只是一看见比拇指还大几倍的宝石，晶莹通透散着诱人光芒，我就怎么也想不起那些“别在景区消费”等各种看似理智的劝告。

想起琥珀堡中的镜之宫殿，所有的柱子、墙壁、天花板都镶上红蓝绿宝石，即使没有阳光，整座宫殿也因宝石散发出熠熠夺目的光彩，富在明处的国王就是想要王室的

高高在上的城堡，密织成叠的窗户，是国王想要站在每一个角落窥视众生，还是国王想要和平民一样，享受通透自然的风呢？这个答案永远不得而知。

大美昭然于世，又怎会在乎王妃把香水倒进监狱下水道呢。

躲在斋浦尔旧城角落不显眼却名震世界的珠宝店Gem Palace，已是第八代世代传承的珠宝世家。长长的市集，这家店的门脸不是最突出，橱窗内摆放的珠宝也不是最名贵，可走进店里，墙面上摆满了店主与世界各地名人的合影，有美国好莱坞与印度宝莱坞曾经当红和现在当红的各个明星，有英国女王、王子和王妃，有美国前总统及夫人……也许不经意某位老牌明星或前王室贵族就站你身旁，安静低调地挑选珠宝。我还是爱这种穆然深静的老店，小隐于街市，见识过各种人的各种人生，当你走进小店时，一切都平等起来。

相同的名字，不同的人生

辛格（Singh），最早在印度是国王和勇士才能使用的名字，有阶层和身份的人才能使用。随着社会的发展，辛格也被一些低阶层人使用，逐渐成为印度男性姓名中最常见的名字，谁都可以叫辛格，上至国家总理，下至街边擦鞋匠。

这算是一种努力吧，尽管种姓阶层力量很强大，人们仍在想方设法跳开这种力量，用另一种光在最深沉的绝望中照亮一线，等待强大的希望回归。

我见过的辛格大多是平民，让我透过混乱的街头看见淡如清泉的人生。卖冰的辛格，每天骑自行车搭的板车走街串巷。冰要怎么卖？我很好奇地问他。他拿出一个编筐，把切好的冰块放进筐，每块冰50卢比。哦，冰是论筐卖的。可为什么要买冰？印度四季天气炎热，电力供应达不到需求，很多家庭也没有冰箱，才催生了街头卖冰块的行业。可这么大块冰买来做什么？不会是拿回去切成丁状再来放进酒和饮料中吧？那也太让人不安了，印度的自来水系统根本达

生活有时最讽刺的莫过于看着另一个成功的辛格，那个人却不是自己。所有的辛格都明白自己不能普度众生，唯有臣服于巨大的传统世界，用曾属于国王的姓名纠缠自己，因为现实总有希望。

不到饮用标准，更何况谁能保证他使用的是干净的水？就凭他在街边卖冰的环境，早被投诉至死了……辛格说冰块是用在制冷机上的，很多人家用不起空调，只好买便宜的制冷机，这种机器的原理相当于将风扇对着冰吹，吹出来的就是凉风了。原来如此，难怪见过有送礼送冰块的人家，当时还暗自震惊了一下，冰块也能当礼送，那不就是一摊水嘛！

辛格每天要去很多地方卖冰块，还要想办法尽快卖掉避免冰块因天气太热而融化，看似轻松的生意也仍有不小风险，有一次就因为冰块融化得太快“血本无归”。辛格讲他每天收入差不多1000卢比，除去成本赚300左右已很知足，家里的孩子都在学校读书，将来还不知道怎么办，他得趁有力气的时候多挣些钱，给女儿存嫁妆，为儿子做打算……很佩服辛格，他没有抱怨地在生活，讲出来的都是触手可及有希望的未来。

另一个辛格就没那么幸运。当车夫的辛格，没读过什么书，家里同样有三个孩子，他每天只能挣不到500卢比，除去这里那里的费用，纯收入不到200卢比。为了省钱，他每年只买一次衣服裤子，拖鞋也是破了补又补，也不敢生病更不敢休息，因为歇一天就少一天收入。他没什么希望，只想多挣点钱，有机会做些轻松活，或者买彩票中大奖。提到彩票时，辛格才笑得开心些，那是他生活中最触手可及的希望，尽管很遥远，但谁也说不定会不会实现。

我还遇见过编织的辛格，做金匠的辛格，做银器雕刻的辛格，卖花的辛格……他们在无数个伴有日出日落的日子里认真努力地生活，他们或高或矮，或胖或瘦，彼此并不认识还都不太爱说话，可当你提及他们时，会发现他们彼此是相同的，因为他们共享了一个名字——辛格。

跨过四季的门，无法企及的世界

谁这么大胆为国王的宅院提意见，把四季搬进王宫，还把神的模样都雕刻在门上随时随地朝拜？

隔着又厚又重的高墙，透过蜿蜒窄小的通道，以拉吉普特民族磅礴的细致，让所有人迷失在彩色玻璃马赛克拼镶成的宫殿之间，纵情在迷你的精致之中。

花木扶疏的宫殿之外，浅粉色的世界有古老的旧街市，人们绕过浅黄色围墙，经过落满风霜的外门门楼，宫殿隔着门卫就在眼前，同一片风将门口的风铃吹得丁零丁零地响，世界此时被分为平民的和国王的，朴实的市民和奢侈的王室，平民永远也跨不过这扇门，进入不了这个无法企及的世界。印度独立后，国王消失了，宫殿成为风景后，无数平民欢天喜地走来，满带疑惑离开，王公们在宫殿里跳舞唱歌纨

拱形的窗格里站着谁？国王的妃嫔们华丽地走过，高傲地审视另一个世界，她们站得太近，离得很远。

绔人生，拥有极高艺术生活品位的同时拥有财富权利，最终还是败垮了一个王朝。

王公们跳舞的地方叫做“爱之庭”，直白地说是贵族们的社交之地，物色对象传情达意，说是跳跳舞谈谈情，也是扩张家族巩固权力的一种手段。承担如此重任的地方必定辉煌华丽奢侈，1778年辛格国王达成愿望，爱之庭落成，拥有四扇代表斋浦尔四个季节的门。可问题来了，众所周知印度只有旱季和雨季，但国王拥有如此强大的想象力，硬是将季节分为春、夏、秋、冬，并各有不同色彩的配饰和神物。

寓意收获季节的秋之门，五只宝蓝色孔雀展翅张扬，坐在莲花之上的神像温和平静。蓝孔雀既是印度国鸟，还是吉祥之物和传说中天神的坐骑，孔雀王朝创造的奇迹仍被人们传颂，无论哪朝哪代的国王都尊敬蓝孔雀，向往蓝孔雀带来的幸运。我很好奇，四扇季节之门有什么人走出，又有什么人走入？推开这样一扇门，又是怎样一个世界？门卫没有答案，导游也说不上来，孔雀门后现已是一座收费博物馆，用来展示王宫价值不菲的藏物。那其他三扇季节之门呢？走进去，空荡荡，除了游客和保安，谁也说不清房间里过去的故事。

惊艳的门和空洞的房间，让我从满怀希望到失落，生活是不是经常这样，当你心怀期待满腹信心时，挫败的失落就在下一步等待？

继续在城市宫殿转悠，不知不觉走到天文台Jantar Manta，好奇心又燃烧了，国王为

什么要在王宫内建造天文台？草坪上散布着星座仪、子午线仪、黄道仪、经纬仪以及世界最大的日晷。各种砖砌仪器看似普通，皇家天文学家们通过这些仪器为国王提供正确的天象变化，预测日食月食、绘制星图。允许人攀爬的日晷，是斋浦尔城里的一个高处，可以俯视城市宫殿的布局和城市风景。我站到队伍之后，期待自己爬上日晷的一刻。人流缓慢移动，有如朝圣的长队等待佛光普照的一刹那。终于将要轮到我，一个声音突然说：不需要，那样庄重的时刻不应该在这里出现……如心领神会般，我退出排队人群，望着日晷高处的石亭，轻声说“再见”。那个如朝圣般出现的地方，就在下一站。

德里/卡久拉霍

一座门分开两个世界，一个世界里拥有财富尊严，
一个世界里只有贫穷低卑，这座门叫印度门。
如同所有城市般的热闹又冷漠，吵闹又整齐。
不想违心地说，我更喜欢旧德里，但却怎么也喜欢不了新德里。

一座门分开的两个世界

新德里有什么？一座门分开两个世界，一个世界里拥有财富尊严，一个世界里只有贫穷卑微。这座门叫印度门。

我在孟买见过印度门，那是另一座寓意深远的门。德里印度门，为纪念第一次世界大战和第三次英阿战争中作为英国士兵牺牲的印度军人而建，两场战争中总共阵亡9万多人，德里印度门上只镌刻了13000多名将士名字，究其原因无非是两种，或是无名无姓者众多，或是空间不够刻不了。免费为市民开放的印度门，门前门后的路，一边通向摩登都市新德里，一边通向污浊横流的贫民老城。不用担心自己走迷路，印度门通向两个世界的路，走出广场区域便截然不同，整齐新簇的路和乌浊老旧的路就是符号，洗不掉抹不去，就在那儿提醒人们，你来自哪个世界。

我住在旧德里贫民窟的洋人街，这里出了名的脏乱差，没什么高级酒店和高级餐馆，一群来自世界各地的穷鬼混在旧德里的老街区，吃便宜的饭，睡便宜的客栈，买便宜的廉价商品回家送朋友。也许正值旅游旺季，原来和韩国朋友约好碰头的客栈客满，只好在背街偏巷找间很平常的小客栈住下。说平常，比起无窗无卫生间的小黑屋又好很多，一张床一个卫生间一扇窗，至少不会关上门就不知道外面世界是白天还是黑夜。说小客栈，虽算干净但空间小，摆设旧，用品差，只能算作很低廉的住处。住进去的第一天，蹲在客栈门口的日本人就抱怨，房间空气太差，憋得难受不如在门口坐会儿。到她住的多人间参观，小小房间密密麻麻放了四张高低床，住宿费一天仅1美元，只能感叹俭中自有高手。说那么多，无非是说旧德里有多穷，可以得到多廉价的东西，1块钱有大用途。

每个人都对旅行有见解。十多年来的旅行，让我热爱这种自在随意由心而生的自然状态，每天以陌生人身份进入新的世界，每天接触的人，遇见的事，说过的话都不一样，生活不是朝九晚五，墨守成规，你会开始慢慢喜欢自己的价值。就像歌德曾说过的，你若喜爱你自己的价值，你就会给世界创造价值。当我第一天进入印度旅行时，并没有想到有一天我会改变。在旧德里抱起街头孤儿，唱小时候妈妈唱起的童谣时，也没有想到有一天会改变我的人生观。是旅行，让我见识，让我成长，也让我沉淀。

而新德里的世界又给了我什么？空旷规矩的道路，齐整林立的大楼，奢侈品牌张扬的门脸，过往路人夹着公文包行色匆匆，这不就是翻版的现代城市吗？如同所有城市般的热闹又冷漠，吵闹又整齐。不想违心的说，我更喜欢旧德里，但却怎么也喜欢不了新德里。

随便挑一座建筑都足以代言德里，但这样的德里太高端，用大事件和大建筑铭记，与平民和游客无关。那些走过的，看过的，最终被记得的，是历史。

最终被记得的，是历史

老德里如一面历史镜子，无关真相，照见过往。

有两位一生磅礴、气势如虹的男人，将生命融入这座城市。一位从父亲手里接过危机四伏的王朝，却致颠沛流离，终生执锐披坚，他是莫卧儿王朝的第二任国王胡马雍。一位温雅如玉，胸怀天下，名垂青史，带领印度摆脱殖民，得以独立，他是圣雄甘地。

先说胡马雍国王。莫卧儿王朝第一任国王巴布尔，执意将帝位传给热爱文学的长子胡马雍，巴布尔虽建立了庞大的莫卧儿王朝，深知建国容易护国难，以胡马雍的才情更适合走文艺小资路线，父子情意仍让巴布尔临终前决意传位于长子。1530年胡马雍继位，他优柔软弱，温和仁慈，即便兄弟篡位夺权仍网开一面，自己终日又沉溺吟诗作画、吃喝玩乐，最终导致老国王打下的江山被兄弟瓜分，被邻国强夺。心怀奸计的大臣提议国王御驾亲征夺回疆土，一出王城胡马雍就意识到踏上了漫长的逃亡之路。15年的逃亡，奴颜婢膝地从一个虚伪人情圈跳进另一个圈子，胡马雍明白，即或是万里无云也只是他永恒悲伤的一部分……胡马雍人生走得最正确的一步是迎娶波斯公主，得到波斯国王的兵力支持，趁他的弟弟们争权夺利之际，在逃亡25年后重回德里，夺回王位。重登帝位的胡马雍国王收拾好那颗文艺男青年的柔嫩的心，以政治家的深谋胆略审视莫卧儿王朝。可惜的是，胡马雍还未开始谋划统治蓝图，便在复位几个月后不慎摔伤，不治而逝。

老国王巴布尔深知自己儿子并无多少才情，曾委婉规劝儿子，你的文字勉强可读。缺少天分的胡马雍却执著地认为勤可补拙。也许换个时代，胡马雍会是个很传奇的人物，他热爱中国文化和波斯文化，喜欢绘画艺术和研究天文学，懂得诗词歌赋，他不算合格的政治家，可无疑是优秀的生活玩家。胡马雍去世后，他与波斯公主生下的儿子阿克巴继位，深爱父亲的阿克巴为胡马雍建造了一座融汇波斯风格和中国风格的陵墓，是为胡马雍陵。

自小便跟随父亲在异国流浪喘息的阿克巴，隔代继承了祖父巴布尔的野心，开创了莫卧儿帝国的辉煌时代。尽管有历史学家略带玩笑讽刺地说，胡马雍唯一为印度做的可书写的事，就是生下了阿克巴，可胡马雍是否在乎世人评价那份原本并不该属于他的责任呢？这就不得而知了。

时间倒回几百年后的德里。冒着被种姓开除危险的甘地从英国学成回国，当时的印度已进入英国殖民地末期，甘地坐着没有空调的三等车游历印度各地，宣传“非暴力不合作”的主张，希望英国可以给予印度独立自治，德里是甘地呆得最多的地方。时间空间历史恰好在这一时期碰在一起，二战结束

和宗教分歧，甘地一直为维护印度的独立而奋斗，却无奈只能接受印巴分治。在更严重的教派冲突中，甘地死在一位狂热的宗教信徒枪口下，谁都无法判断是预谋已久还是突发事件，但一生克己生活，宣扬非暴力思想的甘地已完成了他的终生使命，为自己的一生，也为印度留下了抹不去的功绩。

我想，若这两位先生穿越时空，有生之年狭路相逢，一个谈诗论画，一个刻己从容，会不会有另一场人神共震的大事件发生？历史会不会被改写？

说到如果历史能被改写，也许德里红堡有话要说了。

莫卧儿王朝的国王们各有爱好，第五代国王沙贾汗是个疯狂的建筑达人兼情圣，他对美貌倾国倾城的波斯公主一见钟情，痴爱一生，曾为她在原印度属地、现巴基斯坦的拉合尔修建了举世闻名的爱之花园。“情深不寿”这四字是何等绝妙，两人相恋16年，公主因难产而死，沙贾汗为心爱的妻子修建了伟大的泰姬陵。爱妻去世后他过度悲伤而避走德里，为寄托浓浓思念又在德里修建了仿阿拉格堡的红堡。如果说红堡是为波斯公主而建，难免太牵强。公主逝世近十年，沙贾汗仍无法释怀，与其守在泰姬陵，不如避走别处，德里的地理优势就在这种时候出现，能爱一个人一辈子的沙贾汗，习惯了阿拉格堡的生活，果断又建了同样的城堡。可他怎么也没有想到，在儿子们争夺王位的斗争中，他被自己的儿子篡了位，送回阿格拉堡，囚禁在一座可以远远看见泰姬陵的房间，而德里红堡被新继位的国王占有，沙贾汗也再未能踏足半步。

若这段历史可以重来，沙贾汗仍是那个痴心的情圣，到处建造宏伟建筑，但如果他多一分政治谋略的野心，也许可以不用被囚而终。我不禁猜想如果能让这三个改写德里历史的男人跨越时空聚在一起，各自发表感言，另两位说什么不一定好猜，但沙贾汗一定会说：亲爱的公主，你该把小儿子一起带走。

因为爱情，怎么会有沧桑

有人说，最难过的不是你爱的人不爱你，而是那个爱了你很多年的人转身离去。沙贾汗国王对这句话一定深有感触。

帝王身边从来不乏女子，漂亮的、妩媚的、妖精的、才情的、雅秀的、倾城的，阅人无数的国王似乎比常人更懂得什么是爱，一旦真爱降临便如倾盆大雨即刻通透淋漓。可人们又常说，相爱容易相守难，长情是时间和空间的问题，可人最经不起的就是这两件东西。看历史看身边，物转星移人情世故，长情一年是奇迹，情深一生大概就要捧作火星来客了，所以有了四个很好的字——情深不寿。翻译过来就是：活该你的真情真爱，短命了吧。看，真不厚道！

沙贾汗国王与第二任妻子波斯公主阿姬曼·芭奴的爱情传奇从来不是什么秘密。21岁相逢即定下终身，与沙贾汗同甘共苦如影相随，直到沙贾汗继承王位。野心勃勃的沙贾汗在他的父王在位时即谋权篡位，兵败后被流放边疆，公主仍坚持相伴，两人生死与共，情比金坚。沙贾汗获得王位后，赐名泰姬·马哈尔，意为“王宫第一人”。为了哄爱人开心，他还在各处修建巴比伦式的宏伟花园以博卿一笑。原想两人也该白头到老，阿姬曼·芭奴生育过14个孩子，但因为颠沛流离的生活仅存活了三男四女，她最后在生产第14个孩子时难产而逝，时年39岁。沙贾汗伤心之极，下令全国为她哀悼两年，自己也沉浸在对爱妻的痛苦思念中，一年后仍倍感身心痛楚的沙贾汗决意为爱人修建最后一座建筑——泰姬陵。也许在一代帝王眼中，他总有心不甘心，他把青春献给了国家，把岁月献给了历史，就盼着把自己献给爱人，可那个爱了你很多年的人突然转身离去，永不相见该是何等伤怀。1532年泰姬陵动工了，为了每天都能看见泰姬陵，沙贾汗特意将泰姬陵选址在他所居住的阿拉格堡能看得见的亚穆纳河转弯的地方。这个建筑承载着一个伤心男人浓得化不开的思念，耗费18年时间，召集全印度最好的建筑师和顶级工匠，每天动用两万劳工，相当于这份思念若能量化，那是18年的365天，2万人的6570天。然后，她就在那儿了，像曾经爱过的那个人般高贵圣洁的白色建筑，永生永世再不会转身离开。

这种时候有些扯犊子的专家就会说，巨大建筑耗空国力，导致莫卧儿王朝衰落，又说大兴土木毁坏土地影响环境不够环保……当我站在巨大建筑前，感觉自己渺小得只有仰视建筑各个角落时，想到马克·吐温所说，爱情的力量在这里震撼了所有的人。马克老师说得好，泰姬陵建得好，要不是有这么个建筑，谁还相信爱情？

纵观历史上的中国帝王们，光凭皇宫佳丽三千就该汗颜，这个词比“色情”两个字更可恶地存在于深受儒家文化洗礼的东方世界几千年，帝王之位从来争的不止是权力，更是权力背后隐藏的任意妄为。我有点忧伤的是，上百家电视台播的不是家庭剧的小夫妻小婆媳，就是胡编乱造的宫廷剧，而最令人不安是宫廷剧刮起的模仿风气席卷到年龄越来越小的人。这种时候，又想扯犊子地说，历史学家们躲哪里了，非得让道听途说胡编乱造成正史了才缓缓走出深闺发表真知灼见吗？

也许，世界总是这样，对自家事，相关的人总是最后一个才知道，对别人的事倒了若指掌。你看印度出个新闻，人家电视台未必滚动播放，可咱这边能把人家几分钟新闻剪出几小时内容，且不间断持续播放，一个画面几个小时能看见十遍以上，我们就很容易成为比印度人还知道印度新闻的人。所以，我敢说大多走进泰姬陵的外国人所了解的比印度人多。

泰姬陵虽是陵墓，却因建筑比例构造设计等原因，比起肃穆的胡马雍陵显得温和欢愉，走进去就会发现简单的中轴线末端连着方锥形建筑，1：4.5的仰角视野恰到好处地让仰视者一览全景。透过错落有致的抹角，干净明朗的穹顶，对方统一的比例，如同阅读国王与妻子的爱情，没有琐碎没有含糊，诚实坦率、关系清楚、虚实明确、丰富多姿。

沙贾汗的晚年过得并不好，几个儿子开始争权夺势，各自称帝，互相残杀，最后由三儿子奥朗则布夺得王位，并将其他几位兄弟的人头送给父亲沙贾汗作为礼物。身心遭受重创的沙贾汗彻底垮了，卧病不起的他被囚禁在一间看得见泰姬陵的房间，直到终老，最终得以和爱妻合葬在泰姬陵。

沙贾汗一生并非莫卧儿王朝最传奇的君王，但无疑他是最专情最仁慈的，尽管他也曾试图篡夺他父亲的王位，他却没有弑杀兄弟软禁父亲。暮年的他回首往事，最不堪的莫过于想起儿孙。这就是沙贾汗的故事，泰姬陵让他和他的爱情得到永存，也让他的失败得到永传。

从泰姬陵回到阿拉格只是十几分钟路程，却仿佛踩着浮云从一个世界走回另一个世界。如同走上楼，坐在楼顶餐厅，喝着冰奶昔吃块蛋糕，看世界第八大奇迹的建筑，像个文艺青年般感叹下历史时空和人生；走下楼走进灰尘泛起的街道，拥挤混乱的街道鲜活明亮，像个主妇般抱怨生活的真相其实是这样子的。

刚到阿格拉时，就特意挑了个能看得见泰姬陵的旅馆，看它的清晨，看它的夕阳，灰蒙蒙的天空下一白一红两座建筑两两相望。这该是城里最老也是最好的两座建筑，人们指望着这两座建筑招来更多游客，游客花更多的钱买走他们制作的工艺品。很多旅游手册书都用醒目的大字写着警惕很低价格或免费的人力三轮车，阿拉格的骗局会骗光信用卡里所有钱。

我信，但我的经历有点不同。

去红堡的途中，我站在路边招手，一辆三轮车迅速停下来。车夫瘦弱精悍，衣衫整齐却破旧，他问我去哪儿，我指指红堡的图片。车夫明白，叫我上车，连价钱都懒得谈。阿拉格的车夫不欺客，起步价20或30卢比，出入不大。不一会儿，车夫开始和我聊天，从哪里来，做什么的，来印度多久了，去了哪些地方……绕了一圈让我猜他到底想说什么……他说，前面路边就有家很不错的手工地毯店，他和朋友约好要去拿个东西，不会耽误我的时间，我还可以趁机拍拍照，逛一逛。

这就是骗局的开始？我很坚决地说“不”。车夫继续说，他的收入很低，家里有七八口人要养，我只用装作有兴趣的看看，不用买任何东西，他会确保我的安全。

言之凿凿的车夫确实让我动了恻隐之心，我想到信用卡有消费限额，身上现金并不多，外国游客不会轻易受到伤害……我对车夫点点头，说我不会买任何东西，但会配合你装装样子。车夫很高兴，看得出来他是真的高兴，一再强调我不用买任何东西，商家就会按人数给他劳务费。

我们去了地毯店，非常好的手工地毯店，若不是考虑搬运问题，估计当场就会刷爆信用卡。去了服装店，仍是工艺精湛的精品店，再次经受住了诱惑；去了工艺品店，我很认真地逛了看了，打算买件50美元的银器送朋友当结婚礼物，可骗局故事总浮现脑海，我又忍住了，只拿名片打算单独过来。第二天再去时，看中的银器已卖掉，伤心得我差点呼天抢地。车夫大概带我去了六家店，最后把我送到红堡，约好时间再送我回旅馆，如先前所讲的他没有强迫我买任何东西，最后连车费也没要……好吧，我没有上当受骗。回到旅馆，和同住一屋的韩国女孩恩喜讲起时，恩喜睁大眼睛说："你真幸运，你看我们韩国的旅游书上写的多少人受骗，钱都被拿光光了。"我笑笑，不觉得后怕，一个人坐在车夫车上时，想起他那句"我会保证你的安全"，没来由地信任他。这份信任从乌代普尔开始，从我开始静下心旅行开始。

恩喜是我在阿拉格车站下车遇见的姑娘。她的伙伴才到印度一星期就因强烈不适匆匆回国，只剩下她独自旅行。我们俩都背着大背包，互相看着彼此，她问我是不是韩国人，我问她是不是中国人。我们俩的答案都是否定的，但要去的方向是一样的，于是相约同吃同住分担旅行费用，也在短期内有个旅行伙伴。

旅行搭伴有很多偶尔因素，很多次和别人分担出租车费、船费，但很少和陌生人分担房费，从安全到生活习惯的考虑都有，最怕洋鬼子的浓厚香水味。记得有年坐阿联酋航空公司的航班，刚上飞机就差点闷晕过去，各式各样各种芳香的香水味道浓烈到喘不过气，机上还不能开窗（请在此浮想电影《人在囧途》宝强同学刚上飞机时的画面），在这样的环境中憋了几个小时，胃里翻江倒海，从此落下空气不好就晕机的毛病……独自旅行的各种好处就不必再说了，独行久了遇上个谈得来的伴，好处也非常多。

恩喜的性格比我大咧多了。我去卫生间冲凉时会想着把钱袋也拿进去，她去的时候摊开一堆，就带换洗衣物。我出去转悠去了，相机啊钱啊都随身带了；她出门转悠，相机和电脑就放在房间。我心想你不担心我还担心，万一我俩都不在，服务员进来了怎么办？恩喜抽烟，半夜起床蹑手蹑脚打开门，坐在门前抽烟，好几次看见门缝有光我都吓一跳，继而又想估计这姑娘又失眠了，抽着呢。

我没有问恩喜的故事。都说在路上的人都是有故事的人，有几个像我这么傻不楞登没心没肺拿旅游当工作还乐此不疲的？那些有故事的人除非自愿在某个情感泛滥的夜晚打开话匣，否则正常情况下都别主动去招惹。

离开阿拉格的前夜，恩喜坐在门前抽烟，她的钥匙锁在房间里，索性在门口等我回来，我打开手袋把刚买的啤酒递给她。趁着月光如水，恩喜有点激动地聊起她为什么到阿拉格……恩喜的前男友一年前劈腿，劈腿对象竟是她的好姐妹，恩喜找到他们俩大闹一场，开始自暴自弃。偶尔有天从电视上看到阿拉格的泰姬陵，她突然觉得只有到了泰姬陵才能找回爱的力量。她每天早上都去等待泰姬陵的第一缕阳光，传说抓住第一缕阳光的人就能获得真爱。可她仍然不快乐，害怕自己即便邂逅爱情，也会输得很惨。

我抬头看皎洁的月光，想起那个让我惦念的人，除了思念我竟没有故事可以拿来交换恩喜的故事。于是，为了安慰恩喜，绞尽脑汁想了个故事——原来我和男友一同旅行，没想到他在旅行途中搭上了别的女孩，我们就分道扬镳了，分手前我送了一把伞给他。

“为什么送伞？”恩喜问。“因为伞里有八个大字——你若不举便是晴天。”我说。突然她明白过来，捧腹大笑。不得不承认，我不是安慰人的好手，只能想些段子哄人开心。恩喜和我，只是擦肩而过的路人，在茫茫旅程中遇见，分开，继续漫漫人生，直到有一天她可以放下，不再半夜抽烟，她的旅行也就真正结束了。而我的旅行，也许会一直继续，在一步又一步中探索未知的人生，认识另一个自己。

卡久拉霍，传递千年的建筑意念

所有建筑都扎根于大地，与人不同的是，建筑不能行走，却能传递比行走更深远的含义。

印加帝国湮灭了，马丘比丘却留了下来；古罗马帝国消失了，留下欧洲大陆壮观的穹顶建筑……时间和空间会移转变化，人和地理也不例外，建筑却可以永恒。

卡久拉霍，从德里一直向东方向的小镇，古梵语意指椰子，指的是一千多年前这里椰林成片，盛产椰子。看似平常的小镇，曾有个“月亮王朝”昌德拉王朝，传说当地有位祭司有个女儿，美得惊动了天上月神，月神不顾一切放弃神职化身凡人与姑娘相爱，繁衍出的后代世代定居在卡久拉霍。这种美化自己出身的故事太不低

玛雅时期就已出现的雕塑，在古代印度曾出现在各种神庙。

雕塑，是具有一定寓意、象征或象形的观赏物和纪念物，借以反映社会生活，表达艺术家审美感受、审美情感和审美理想的。

调，也没有可信度，不过卡久拉霍的一个标签倒是震惊了世界——性爱神庙，这个因神秘宗教而建的大量成片建筑，历经了一千多年的风雨而得以幸存。

如同物极必反的道理，庞大渊博的印度教在公元5世纪时期派生出坦多罗教（Tantfism），“坦多罗”在梵语中指的便是生殖和繁衍，更浅显的释义指密教。坦多罗教大概受够了苦行僧式的修行，信奉此生解脱，不禁俗世享乐，反而想尽招数挖掘种种方式。他们认为性是最大的能源，通过性交能够激发灵魂和肉体与宇宙的交流，达到最高精神境界。在这种寓意深刻的宗教仪式中，昌德拉王被当作想象中的男神，和他在一起进行仪式的都是地位很高的女性和神庙豢养的神奴，这些神奴后来被刻画在神庙各个角落，极尽可能展现坦多罗教的存在。尽管坦多罗教已不复存在，但延伸至印度人生命中的追求却让我明白，为什么瑜伽在印度如此风行且被痴迷。

建筑原有的性别在此时昭然若揭，幸存的25座神庙直立于大地，典型的笋尖塔顶重重叠叠雕满群像，仿佛看见吴哥窟的影子，又好像看到阿育塔雅那些残旧佛塔的痕迹。刹那间明白这是到了源头，激情刺目的雕塑漠然隐去，感叹建筑的意念传递千年，从未走远。

卡久拉霍神庙，沉默的千年祭

瑜伽的起源地在印度。最初的瑜伽是先知通过身体与心灵达到统一，顿悟生命的认知，让思想和肉体达到最佳状态。

瑜伽的古老可以追溯到公元前1500年，一本记录古老印度的《吠陀经》描述先知们利用瑜伽修行，令人奇怪的是据说《吠陀经》既有各种思想启示，也有一些神秘的咒语。传说掌握其中任何一种都可以施展巨大力量，民间仍对这部神秘之书保持热爱之情，瑜伽更成为“天人合一”的某种仪式。当瑜伽与哲学走在一起后成为流行文化，瑜伽变得系统又高贵，公元前300年瑜伽之祖写下《瑜伽经》，创作了八支体系的瑜伽行法，指引瑜伽进一步完成性灵旅程……把时间捋一捋，会发现坦多罗教也在这一时期得以发扬光大。

瑜伽和坦多罗教都主张身心结合，都提倡满足产生最大的快乐，达到对感官的最高控制。尽管几百年后坦多罗教消失了，但瑜伽流传了下来。美国《纽约时报》毫不避讳地提到瑜伽源自古老的性崇拜，是坦多罗教的分支形式，寻求感官快乐的和谐，其中有一条教规要求信众崇拜女性生殖器官，享受激烈的性行为。

印度文化中流行的禁欲，也源自于此。

人们认为无论男性还是女性，只有经历参悟了灵性，最后拒绝性爱才算到达无欲无求至强至大的无上境界。最有名的莫过于37岁立誓禁欲的甘地和印度前总理德赛。这有点像疯狂之后的清醒。这股潮流还引发了大量苦行僧的模仿，在禁欲的同时苦行，让身体受尽折腾，特别是生殖器……这种“不经历风雨，怎么见彩虹”的境界，确非我等凡人能够理解，如果只当作风景看倒也罢了，当作文化欣赏的话，碍于个人水平有限确难理解。特别是街头苦行僧乐此不疲的各种苦行表演，在刀尖上行走，在荆棘上睡觉，在火上赛跑，在生殖器上吊上一块重砖……

我没有亲历过深藏印度大地的瑜伽修习所，他们大多都是隐蔽在偏远乡村，统一管理，无从感叹瑜伽的来源和发展。但当卡久拉霍的神庙们在光天化日之下耸立眼前，内心还是被狠狠惊到，那该是怎样一个混乱又神秘的时代？几百年前的国王昭然公示自己的信仰，在王城周边几十公里范围建造各种神庙，用黄岩石雕刻《爱经》里人类性爱的千姿百态，供人们敬仰膜拜。这样的时代是一种放纵，也是一种狂欢。公元13世纪王朝陨没，王宫消失了，神庙也被遗忘了。人们没有勇气抵抗宗教，无论存的在或消失的，神庙得以保存但也被唾弃。直到19世纪中期英国探索者骑马而来，在丛林深处发现这些残破寺庙，叹为观止的英国人当然明白这是来自历史的文化礼物，却认定神庙中的雕塑下流失礼，起初保守派人士曾下令禁止非印度教徒进入神庙，甘地夫人就曾被拒绝入内。但低调的学者来了，走马观花的旅游者来了，渐渐名气大增的神庙在被评为世界文化遗产之后，成为了著名景点，只好打开大门任由参观。

这场沉默的千年祭，以另一种无奈的方式，祭奠千年前存在过的神秘宗教和王朝。如若不然，我们也不会了解到在一千多年前曾有过如此随心所欲的时代，它带领了瑜伽和密宗的发展。据说现在仍有父母带着将要成婚的儿女站在神庙前，教授婚前一课，他们没有旅行者的大惊小怪，气定神闲之余对孩子说，你看人家老外，不远万里毫不嫌累专程前来自学，值得尊敬啊……这意思当然是猜的，独身女子站在如此佛庙前难免遭人非议，也只能权当自我嘲弄。

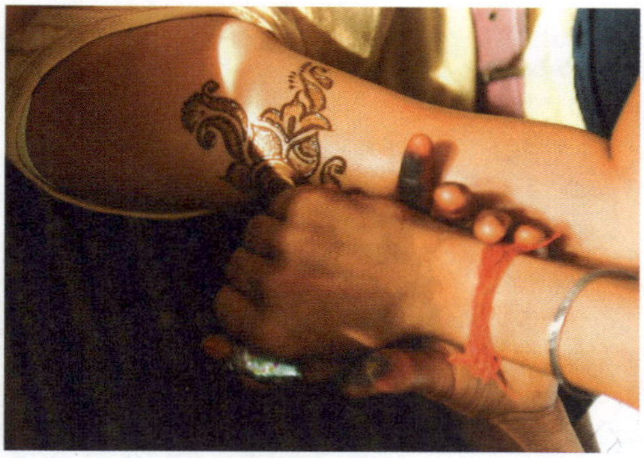

我已经学会怎么从印度人的装束上判断对方的生活。比如已婚人士会在额头上点红痣，女子会为脚趾戴上脚戒和脚链，鼻子上戴着贵重的金质鼻环；丧偶女子在再婚之前只能穿白色衣服且不能点红痣。男子会抹上发际红表示已婚，但也表示喜庆或得到神灵保佑。但当遇见一位脚趾涂满红色，赤脚戴脚戒脚链穿白色衣服的妇人时，我疑惑了。

印度女性会用指甲花粉（即汉娜粉）调成糊状，在手上和脚上手工绘出不同花纹，每逢节假日就会在手上画上漂亮的枝叶图案。这种纯天然草木材料既能绘在身上也可以用来染发，可以保持2～3周的清晰。草本手绘最隆重的莫过于女子出嫁前，新娘的双手双脚绘上最隆重繁复精致的花纹，寓意祝福开枝散叶，也可以用这个当做借口避免在男方家做重活。当一星期后女孩回门时母亲看见孩子手上清晰的汉娜绘纹，就知道女孩没有在丈夫家吃苦受累。古老的手绘已传承近千年，一些文艺青年将汉娜手绘艺术化，设计成富有设计美感的图案，将鸟、孔雀或者荷花等图案都藏在绘画之中。当汉娜手绘出现在街头巷尾后，我也可以不必出嫁，只花几百卢比和几小时，就能画上满手漂亮的纹图。当我心满意足得意洋洋举着两只手招摇过市时，有人故作神秘地解释说，此刻在我的手上所绘的，是象征催旺男性生殖力的鸟和女性多产的鱼……

瓦纳拉西，天堂的入口

瓦纳拉西屹立在恒河左岸，数不胜数的神庙簇拥着长达六七公里的河岸，有如一段信仰的峭壁。

印度教徒认为，湿婆常在瓦纳拉西的恒河岸巡视，

在此死亡并火化的人均可免除生死轮回之苦，直接升入天堂。

初到圣城，魔法般的欢迎礼

瓦纳拉西给了我很不客气的欢迎礼。

从卡久拉霍到瓦纳拉西，火车和汽车都不是舒适的选择，相比起来坐日班汽车显得阔气又奢侈，既有足够的白天时间用来浪费在车上，也不会在众目睽睽下流口水睡觉，不够完美的是傍晚才到达目的地，要在黑夜中寻找落脚客栈。

我又急躁起来。肤如炭般瘦弱的车夫，看似淳朴的长相背后不知是否藏着狠杀一刀的心，黑尽的天空也照不到我如火烧般焦虑的情绪。

人在旅途，有时候会有莫名其妙的任性，或执念，或顽固。面对游说在身边满脸诡笑的车夫们，我坚信老天会派一个厚道淳朴的车夫出现。

当被一群车夫围观，远观不凑热闹的人品格也更高。我走向一个头发花白，看上去六十多岁的老头，别人报600卢比的车价，他只要200。在我看来，花甲年纪的人会对人生有另一种理解，所以他们善良、从容、宠辱不惊也贫贱不能移，和他们在一起，也会感染到这份从容淡泊，驱走急躁。背大包坐上老人的人力自行车，从后背阅读他的一生。

他瘦到应该只有皮包骨，洗得看不出颜色的T恤肩部破了几个大洞，脚上的拖鞋看得出踩过线补牢过，因为常拉游客会说简单英语，介绍自己和怎么去景点，再多也就只能猜七猜八加手语了。

长期独自旅行的我，其实是个很闷的人，有时看书，听音乐，有时就傻呆坐着；如果说的话需要拐个弯表达，我会沉默懒得说；好玩好笑的事，也不会拿出来开玩笑。这样的我，即便自己看来也很无趣，难怪没人愿与我结伴同行。但在这样的傍晚，坐在满身褴褛的老车夫的人力车上，看他费劲地跳下车整个人张开手臂扶着车头车尾推动车轮，我的心有说不出的酸楚。

我想下车走路，老车夫摆摆手，又不敢碰到我，只能拦住车篮位不让下。上坡路越来越陡，老车夫越走越慢，我说自己太爱吃咖喱鸡，到了印度越吃越胖越重；太爱印度的花花布布，越买越多背包才那么重。老车夫点点头很同意我拍的马屁，他很骄傲别人也爱他的国家。其实这样的对话有点矫情有点虚伪，只是在当下，他并非表演，我也并不是刻意，也不是老奶奶的衣橱能倒腾出什么新花样，就是由心而生，自然而然地说话。

下车时，约定老车夫明天在这里接我，带我逛逛城市风光。瓦纳拉西并不大，步行三五公里就算能走一圈且风景尚好，只是恻隐之心让我拿出很少钱，然后找了个看起来美好的借口，好有机会顺带送他几件穿旧的T恤。

被老天擦黑的夜，道别老车夫，拿起手中地图借助微光走进深巷，在巷子另一端有家专招待中、日、韩游客的客栈，这样的客栈最大好处是干净整洁，文化底子相同交谈起来方便，不必深夜还要听见隔壁房杯酒交歌，更不用担心舍友在深夜或凌晨冲凉洗头的哗啦水声。很容易找到客栈，老板缓缓走出，看我独自一人，满脸遗憾地说，因为是旅游淡季，客栈关闭了。

什么？关闭！这是天天印度听得到的谎言，但由客栈老板讲出来，又如此真实。我仍怀疑耳朵听错了。客栈老板确定又确定，任由我检查客栈房间混乱的样子，表示并非刻意拒绝我的入住。我无助地放下背包，瘫坐在椅子上，期望客栈老板有点慈悲念头留我住下。但所谓愿望，都是容易成空的东西，老板指着巷子更深处，让我碰碰运气。

看看表只是8点不到，城市却如深夜般寂静。黑夜行进需要勇气，更差劲是勇气也是有等级的。比如将伸出手让蚊子咬称作第一等级，那在异国他乡的黑夜，走进无人长巷就需要几十级勇气。眼前是店不留客，不走也不行，可走进黑暗不知道会发生什么，左想右想皆不是，露宿街头更可怜，只能咬紧牙拿着手电走人。巷子很窄，也就1米多点；巷子很深，拐去不知道哪个方向。什么都不想，踩稳脚下步子，走吧。

背包越来越重，脚步越来越沉，怪自己干吗坐日班车；眼神模糊，不是汗不是泪是勇气差了点。巷子两边店铺大多已关门，怎么也找不着别的客栈，不得不又原路返回。

又是原路返回，幸好路遇几个行人有了心理慰藉。快到已关闭客栈的巷子，却看见地上躺着东西，仔细看是个人……我的老天，这是个什么情况？死的活的？被抛尸还是喝醉酒？一动不动横躺着挡住去路，试着叫几声，对方也没反应。脑子闪过无数情节，眼下就我和他两个人，如果警察来了会怎么想？或者我刚要离开，对方就像僵尸般跳起来追命？更或者就是个吸血鬼或者生化危机的病毒体……电影看多了，想象力就丰富了，我不自禁苦笑下，还有力气自嘲，也算认识自己有另一面。

驻足不前，心里也在祈祷有人出现来解救自己的窘迫，炎热却站得背部发凉，各路天神都被我求了一遍。大概十多分钟后，听见一阵铃铛作响，几个结伴女子走过来，看到我站在一旁，看见躺在地上的人，几个女孩一番讨论商量，认定是个醉汉，招招手让我学她们的样子从醉汉身上跨过去……跨马跨骆驼是有过，跨醉汉是头一回。背着大背包，走近醉汉，狠迈一步，醉汉惊醒翻身，我的脚步也被惊得飞起来跳过去，重心不对一个踉跄，满脸惨样。过路的女孩们过于好心，说是另一条路有一家营业的客栈，带我去碰碰运气。

另一条路通向恒河边，走到亮灯的地方，女孩指指河边和客栈就嘻嘻哈哈告别了。我放下包，探身向屋里喊话，一个苦行僧模样的老头走出来，一番对话问了房价，看了房间，窗户正对恒河，让我的挫败感顿时消失了一半，翻看入住记录本也不断有背包客入住，总算放心，付了三天房费先住下再说。

这一夜，我一直认为是祈祷应验，遇见善良的老车夫和路人女孩们，如同童话中被施了魔法般，他们恰到好处地在我最无助最窘迫的时刻出现在我的身边，在那一刻，他们让我相信，真的有神存在。

夜宿恒河边，上演惊魂一幕

这一夜，怀疑自己面对死亡。
这一夜，终究还是活下来了。

这是至死难忘的一个夜，这是由生至死而又生的夜，这是旅行途中最惊险的一夜，这是直到如今仍叫我费解的夜。

自问也算谨慎的人，背包走进小旅馆，检查前台入住记录，前几天都有世界各地的游客住在这里。前台管理员身穿黄色修行服，看上去就是个朴素的苦行僧，临河的房间有扇漂亮的小窗户，听得见河流和人流的声音，床垫太软是因为旅馆老旧，角落的电视机小得迷你，公用卫生间就在门口，最重要是价钱便宜还有空房，付了一星期的住宿费，满心欢喜松了一口气。

把背包摊开，收拾换洗衣物，锁好门走进浴室，忍不住向楼道看看，四下无人，寂静如初，住客大概还在酒吧的happy hour，离半夜回店还早着呢。冲好澡回房，累得不想出门吃饭，躺在床上半梦半醒着，头顶突然爬过东西，我吓得大叫跳起来，一只硕大的老鼠从床头爬向床尾毫不惧人，当下就暗想："糟了，住到极品差店了。"

出门找前台管理员，hello喊了好几次，苦行僧打扮的管理员就住在我的房间斜对面，对我换房间的要求似乎见惯不怪，让我搬去隔壁房间，他一再保证不会再有老鼠。可事与愿违，刚进门没10分钟，老鼠就像约好似的出来了，窗外还有几只猴子在不停敲窗，也许还混杂着别的只有在夜里才出现的动物声音……叫来管理员，提到老鼠猴子，问是不是还会有其他动物，不知道是诚实还是恐吓，管理员一脸认真地说还有蛇和狗。那一刻，我吓到了，看看表不到10点，可我住不下去了。出门，漆黑一片，不知道另一家旅店在哪个方向；留下，一片恐怖，这样的夜该怎么度过。

我试图提高音量，抱着好运气的心理，想呼叫别的住客，但其他房间毫无动静，我才意识到旅馆就住了我一人。我问管理员，这样怎么住人？管理员站着无语，满脸平静。我们隔着1米多距离相持不下。突然管理员蹲下来，对着我作吻状，我的头轰的爆炸了，但显然对这种事毫无准备也不知道怎么反应。我倒退两步满脸惊恐生气叫道：“你在干什么！”管理员不回答我，又重复同样动作……如果换个时间场合，我一定会揍他，如果没有在瓦纳那里迷过路，踩过醉汉身体，饿着肚子，从心底深处狼狈不堪的话，我一定会使出左勾拳，右踢腿。可眼下，我身处囹圄，我大叫“get away”，几乎跳着躲回房间，反锁好门，又用椅子顶住门，把水瓶放在椅子上。

这是我这一生中最狼狈不堪，最受凌辱的夜，绝望到不敢相信自己能挺过来看见天明。我老早应该警惕神情遮遮掩掩的管理员，猜到这个人这家店不简单。但是，夜，才开始。

窗户关不紧，总有猴子用爪子挠门，脆弱的铁栅栏间隙宽阔根本拦不住调皮的猴子，就算猴子拦住了，那蛇和狗呢？老鼠也不停歇，只要关灯就出来跑步，不绕场三圈不罢休，最重要还会跑上床，让我担心被抓破就必须去医院打防疫针……再也经不起被动物袭击的惨剧，曾经在果阿的海边被巨形蜘蛛咬到大腿出现巨大的蜘蛛型伤口，我以为自己中毒，差点打算立遗嘱……在这样的夜，入睡是奢想，平安是祈望，连眼泪都流不出来，担心泪水会击垮自己。

我想了很多，不断反思自己，把好运气一次用光，坏运气全抓在手，虽记不起当时都胡思乱想了些什么，只是风打玻璃、猴鼠骚扰不休的绝望心情记忆犹新，即便今天也没有勇气再来一次，这样的夜从此成为梦魇。我会独自背包旅行在连路牌都不识的国家，周边人讲什么完全听不懂，跳上一辆汽车才发现去的地方根本不知道是哪儿，荒芜之地什么人都没有，只有我，只剩我，可我连呼喊的力气都没有。

时间以秒为单位度过，从1数到100、1000，又重头开始数。电视机15个频道翻来覆去看，1、2、3台播印度语，7、8台英文频道，还有哪个是宗教台。猴子又敲窗了，老鼠又来了，鸡叫第一遍，又叫第二遍，直到东方发白。换好衣服，收拾背包，锁上房门，又在锁上加上自己带的锁头才放心。

没有碰到管理员，街上人也不多，顺着昨晚找路的方向感往河边走，晨浴的人们已忙乎开了，扛着各种摄影装备的游客各自占据有利地形，我更心急的是走进一家干净安全的旅馆，把心放回心室，好好睡上一觉。

拿着手里的旅游书，对比旅馆名字，哪怕一个字母不同都坚决不行，碰见一对香港大学来这边做恒河研究的夫妻，简单聊几句也得不到什么有用信息，突然想起恩喜曾写过旅馆名字给我，是她住过和推荐的。想起恩喜，想到若有伴同行，一切沮丧狼狈是不是不复存在？

在巷子里绕来绕去，问了很多人，两个男孩自告奋勇带我去旅馆。很累很累的我，从男孩的笑和眼神中读到了纯真，跟在他们身后，找到我要住的旅馆，检查好房间，看到同间旅馆还住着其他游客才有一丝放松。接着该回旅馆取包——那个管理员必定不肯轻易退房，两个男孩主动提出陪我回旅馆。不出所料，管理员同意退房不同意退钱，我质问他昨晚做了什么，是不是需要报警，男孩们也配合游说，管理员总算答应退一半钱让我走人。

仿佛我的好运又开始回来了，男孩帮我背包，又走过许多巷子送我去新旅馆。为表示感谢，我提议邀请他们吃早餐，两人笑嘻嘻摇摇手，匆匆走进人流，而我连他们的名字都没有来得及问。

从前一个夜的帷幕拉开，十几小时后，当我躺上干净安静的小床，看着阳光透过麻布窗帘透过细碎光斑，眼皮耷拉下来，全身心放松，总算结束了那个黑夜的旅程。

恒河的清晨，生命在此轮回

她被叫做圣城，吞食所有有光阴的生命。

我并不是忠实的记录者，我愿意是归顺自己的表达者。恒河是印度人的圣河，神圣明亮不可玷污，唯恐不同观点惹来鄙视。我所看见的恒河，吐纳生息，吞食所有有光阴的生命。如果要用更强有力的证词来阐述，立刻显出我的肤浅无知，如同一向不善于讲故事的我，更多的是记录我自己和与我有关的风景。

每天都有络绎不绝的印度教徒在瓦纳拉西河畔沐浴或被火化，晨曦又将受污染很严重的河水修饰得瑰丽无比，祭祀的香烟与焚尸的青烟袅袅升空后很快都云淡风清了。

到达瓦纳拉西的某个清晨，我走向恒河边，无数人在这儿沐浴、洗漱、祈祷、洗衣，甚至死亡，所有人都将自己交付给河流，那一刻任由恒河吞食一身垢气与恶行。

随大流地走进恒河，内心发颤不知道如何是好，是像印度人一样泡进水里游几圈，还是像个老外看风景似的东拍西照？事实上两件事都做了之后并不觉得有何异样，倒生出某种失望——圣城圣河亦不过如此，比不上我在莫高窟所感受到来自浩瀚时空的震撼，也比不上吴哥窟那些冰冷石头所带来的淡定包容。

越这么想，状况越容易出现。搭船漫游恒河，船夫有茬没茬说话，指着岸边的人得意地讲只有印度才有如此壮观的晨浴场景，又指着火葬台炫耀地说能死在恒河是一辈子最大福分，还指着河里被布包起的一包又一包漂浮物，那是火化的骨灰要沿着河流一直漂下去……骨灰？仿佛终有关键字吸引到我的注意力。“不只是骨灰，”船夫神秘地说，用船桨用力划过一小状物说，“看，被鱼吃掉头的女婴，看起来刚出生的大小。”

我顿时被惊到，这是恒河的重头戏吗？显然不是，这只是恒河每天上演的普通戏码，无数人排队在这儿等火葬台席位，排不上队的只能被火化好将骨灰投入恒河，更差点的是投江而死，最差的就是生下来就被遗弃的女婴，被扔进恒河，期望来世修得好福气。

船夫讲起前段时间有个女人，因为刚生了个女婴遭到家人唾骂，一气之下跳进恒河寻死，刚被救起又奋而投河。女人在印度大多依附于男人，若得不到男人的爱，一生将会非常

悲惨。很多女人生下女婴，看见自己的孩子没有地位，一辈子抬不起头做人，不如早些让她进入生死轮回，狠心也罢，爱心也罢，她们觉得都是为着孩子着想。船夫讲得轻松，转而讲起自己的孩子，他有三女二男，从不歧视女儿，也送她们去上学，想着努力挣钱多为她们存些嫁妆，以后她们在婆家才会有地位。他不期望有一天印度人对男女地位的观念会改变，几千年的东西根植太深，愚公也移不动，只能祈祷自己的孩子好命，有个好姻缘，嫁到好人家。船夫的希望也是很多印度人的希望，但这份希望太缺少力量，改变不了这个世界。

只有游客才会为生与死擦肩而过一惊一乍，一个个等待死亡来收容的濒死者的表情或安详或痛苦，一个个鲜花摊的鲜花闪耀着芬芳的露珠……

圣城与恒河互相依靠而存在，因为每天来的人和去的人都太多，圣城显得肮脏而混乱，街道上垃圾丛生，人潮杂乱无序，污水排放管道、电力水利管道，街巷的布局在城市老旧之后的问题凸显出来，城市管理也是叫人头痛，警察拿着木棍驱赶人群却不愿赶下比人群还脏乱的牛群，更对小偷小摸睁只眼闭只眼。当地官员在竞选时总讲会让人民过得更好，拥有更美丽的城市，但这项事业的进度苛重而缓慢，文化人士认为城市现代化后的圣城将不复存在，改变圣城的事就搁了下来。

印度人并不喜欢改变，看他们沿袭的几千年传统习俗就知道了。圣城的改变也并不在面上，而是在人们的习惯上。可习惯都被改变了，恒河还有什么可宣赞的？想来想去已觉像天方夜谭，但这种改变却天天发生在身边。每次得幸去国内各种城市游历，会惊奇地发现所有城市都有一条街叫步行街，巴掌大块地方就是广场，稍大点的城市就在挖地建地铁，城市道路旁总有市政在改建路宽的牌子。城市每天都在发生变化，一年不去就是另外一番天地，有点年头拆不掉的建筑就被刷新，拆得掉的建筑原址上必定是座新建高楼。我看着故乡变他乡，他乡变故乡，想沉默，又总难忍伤心想说几句。

我喜欢看不到新建筑的圣城，喜欢那些在恒河边晨昏祈颂的人们。如若恒河真如新闻说的那样，因全球暖化将在2030年干涸，那圣城也将不复存在。如果真的有那么一天，我会庆幸自己曾经到过这里，认识过这样一群人。

苦行僧的秘密

用尽一生时间冥想，把生活的追求降到最简单来追求心灵的解脱，无惧生死，虐己修行，只为得到神的关照进入天堂，这就是苦行僧。

“苦行僧”从字面理解很简单，英文Sadhu又有多重意思，还指圣人、圣僧，言外之意是苦修得到尊敬和尊重，在世人眼中他们就是神的使者。苦行和圣僧合并统一形象，就是大街小巷身披黄衣，外表冷酷的僧侣们。其实苦行僧大多出身低贱贫穷，在印度，只有出家为僧不分尊卑贵贱，所以很多人希望通过出家为自己寻求种姓平等的地位。大门敞开的出家之门欢迎6岁至65岁的有志人士报名参加，包括女性也可以出家。有点奇怪的是，人口高达12亿的大国仅有五百多万苦行僧，和沸沸扬扬名声响亮的印度教寺庙有着相同的命运，始终是小众取向。人们在众多宗教选择中信仰自由，各取所需，主要宗教有印度教、伊斯兰教和锡克教，其他还有众多流派的宗教信仰。

有时看见苦行僧拍照，有的展示自己的虐修成果，有的正襟危坐举起右手，有的全身一丝不挂，有的穿黄色锦衣。究其原因是苦行僧也有团体派别，一些信奉毗湿奴神，一些信奉湿婆神，且为裸身修行的天衣派，即不穿衣服，身上抹满大炭灰或死人骨灰的灰烬；举右手的也信奉湿婆神，但他们穿黄衣，被称作青衣派。我们常在不可思议的奇闻录上看到的多为天衣派苦行僧，他们隐藏在无人之处，很少出现在闹市，而那些总在游客面前表演的裸身者被视为不齿者被人轻视。

不知道什么时候，苦行僧成为了一道风景，我百思不得其解他们所追求的精神境界究竟是怎样的无欲无求。以我浅薄的理解力，更像是对原生态的一种追求，用木枝刷牙，用河水淋浴，用手抓饭……如果时光倒回几千年，每个人的生活不都是这样吗，那是不是每个人都是智者？

奇妙的是，如果将修行看作一生的功课，苦行是最后也是最高层次，从净行期、居家期、修行期才到苦行期。有人为走捷径一步到位就进入苦行，想尽办法费尽思量苦修，将自己倒吊在树上，在火堆上跑步，在刀尖上行走，在强刺上睡觉，身无一物顶多有只吃饭的碗，他们看上去也许古怪，眼神

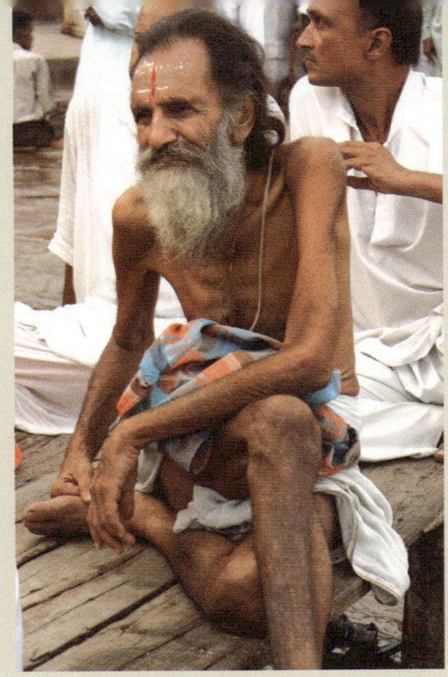

却都透着清和平静。但我在恒河边上看见很多苦行僧打扮，身戴项珠的人，不必打听也能猜到是算命者，他们撑起布伞，坐在伞下摆张小桌，眼睛红通迷离，仿佛通透人心，桌下某处也许还放着没吸完的大麻脂。这是大麻雌花树脂提炼出来的致幻剂，算命者认为可以用此增强与神的沟通。没有机会和算命者沟通，语言是我们之间最大的问题，我只好远观命运先知坐在恒河畔，掌控命运，指点人生。

上世纪60年代美国“垮掉的一代”到处寻找一方乐土，一些人迷恋上苦行文化，从中寻找真正的自我。在印度教中湿婆吸食大麻，苦行僧将吸食大麻视作接受湿婆的祝福，即使今天仍是如此。垮掉的一代如战车般席卷南亚大地，一方面参悟人生，一方面接受湿婆祝福，在尼泊尔的博

卡拉建立了独特的嬉皮士天堂。还有一些坐在河边的苦行者在面前摆一盏容器，主动邀约拍照，照后索财的大多以乞讨拍照为生，尽量装扮得出众，一天也能挣不少钱；也有静静坐一旁，默默看着你，也不邀请也不强求，偶尔与之目光相视，总有些读不懂的内容，那里面包含尊严、从容和平和。更多的苦行僧隐藏在游客看不到的地方，独居索学，几十年不出门，靠供奉者送些牛奶水果为生，毋庸置疑的是他们得到的敬仰更多，人们也以能供奉这样的苦修者为荣耀。

在我看来，苦行是人们脱离严格种族阶层进入无阶层世界的最好办法，也是解脱生命的最好方式，身份和身体都是生而为人，是一切罪孽的载体，要想尽办法受尽苦难才能洗除罪过，达到心灵的超然解脱，免除无尽的轮回之苦。那免除轮回之后是什么？——神。

在一些有关修行的书中，我读到这样的句子："修行的过程，就是凡我和真我不断战争的过程，真我和凡我斗，真我胜就进步，然后凡我又来干扰，这就是反复，在反复中不断战胜自我，不断进步。"读到这里，幡然大悟，为什么苦行僧如此执著于苦行，无所不用其极想尽办法让肉体饱受磨难，只为最终达到思想清明，终见光明。

我在瓦纳拉西的第一晚，苦行僧给我留下了非常难堪的印象，也让我一直疑惑，为什么穿黄衣的苦行僧可以经营旅馆？或者那个管理员根本就不是苦行僧，只是穿着黄衣自我修行却混账乱来？又或者他将我视作苦行的一次磨难，以达到精神上的又一次收获？

我被这个问题纠缠了很久，也曾咨询过一些资深的印度文化人士，但都得不到很确切的答案。直到在网络上读到某个大学研究现代封建社会制度的研究生写的文章，才若有所悟。

他写道，外国人在印度属于刹帝利阶层待遇，属四大种姓之一。除了把外国人都当"有钱的冤大头"的一部分人之外，普罗大众都抱着好奇的尊敬心。在"吻脚礼"仍通用的印度，吻脚表示谦卑地拜服，除了太夸张地扑在脚前吻，简化的吻脚礼就是躬半身，伸手在嘴前做吻状，献给脚……也许，夜太黑的那晚并不是骚扰，而是来自一个苦行僧的吻脚礼，在我满怀怒气时，他为表示自己的惶恐和臣服而做出的动作……如果是这样子，我想故事就变得美好了。

அன்னதானம்
காசி
உண்டியல்

恒河，从远方来到远方去

从远方来，到远方去，这就是恒河，也是每条河流的方向。唯独在印度，河流被赋予强大力量，一生苦行只求与恒河同在。

恒河，南亚的一条河流，如所有河流般由泥沙和水构成并没有特别之处，但人们将依赖和信任堆满河流，因而神圣珍贵。我对河流总充满无知的敬畏，每条河流都有自己的生命曲线，流动的河水如生命中看得见数得着的光阴，从不会重复，光阴不会逆转，人不可能两次踏入同一条河流。

我为恒河作了很多准备，一支长焦镜头，一套可以在河里浴水的衣服，面对吃喝拉撒生死都堆积在河里保持处变不惊，假装自己很酷地等待旅行到最后时期可以亮晒一下自己的耐心……当你越希望事情按部就班，事情越会往意想不到的方向发展，长焦镜头在斋浦尔的麦当劳店摔碎了，游泳衣物在孟买就丢失了，想假装见惯不惊，终被苦行僧管理员在那夜跪拜“行大礼”之后，如最后一根稻草压死骆驼般我全面崩溃，耐心早已离我远去，连友好的道别都没有。最后发现，恒河并不需要假惺惺的我，是我远渡重洋要来看它。

从喜马拉雅山北部开始，恒河就开始千辛万苦地跋涉，2500公里的跨度并未惊天动地，却演绎了无数与神有关的传说。喜马拉雅山是印度教中的圣山，他们相信诸神居住在雪山深处，从神界而来的河流可以洗去身上罪孽，也能迎来吉祥……恒河承载着这些故事流传万里，人们将她当作印度的母亲，由心而生出不可磨灭的情结。

恒河是圣河，瓦纳拉西是圣城，苦行僧是圣人，这些词狂热又执念，我问为什么人们那么热爱恒河，每个人的答案都不一样。他们一生下来就注定要热爱，从不问理由，如同我们每年都要过春节，春节的象征意义远大于节日本身，所以印度人一生中必定要到一次恒河。那些有关恒河的传说，都在诉说恒河悠远伟大的传奇，每个王朝的国王们也都鼓励人们供奉河流，也为人们在岸边建造台阶码头，仅瓦纳拉西就有六十多处码头，换算过来一座建筑就有一处码头，仿佛足够无数人使用，却又发现怎么都不够用。

每个印度人一生中必须要做四件事：敬仰湿婆神、到恒河淋浴并饮用恒河圣水、供奉苦行僧和朝圣瓦纳拉西圣城。换一句话说这四件事在瓦纳拉西都可以办到，这也是为什么城里挤满来自世界各地的印度教徒，挤满数不清的苦行僧和挤满人潮人海的淋浴者。

对印度人来说，如果生前没能到过圣城，死后也要嘱托后人将骨灰撒向恒河。恒河上游总有一处地方烟雾丛生，我很少走过去，即便没人指点也明白那就是露天火葬场，贱民阶层“旃陀罗”在那儿为生命终结者提供最后的服务。印度人相信生命的结束是愉快的、解脱的，生命轮回又将进入新一个轮回，在恒河火葬可以免除轮回之苦直接进入天国。孤零漂泊的人就算乞讨也要到圣城熬到生命尽头，再盼望某位大善人心生恻隐捐笔钱为自己举行火葬，偶尔看到奄奄一息等待灯灭的路人，我不知所措。总有胆大的人举起相机拍摄火葬的整个过程，我却连靠近的胆量都没有，生命隆重又肃穆，应得到尊重和隐秘，我接受不了生命到尽头时被赤裸地摆在眼前，如一摊生肉被割开叫价般残忍。也许是看了很多寺庙，见识了很多人的信仰，神情恍惚，以为对待生命就该如此庄重。如若不然，生命终归摆脱不了死亡，那此刻活着又是为什么？此刻此时与下一刻下一时又有何意义？在印度人这儿，我学会面对死亡，其实就该是件愉快的事，人生在此刻得到终极解脱，这一生的作为将决定下一世的命运，轮回之后的人们恒久保持他们的善良、顺从和祈盼。

坐在小船上横渡恒河，河对岸的沙洼之地也站满人。无论是清晨还是黄昏，恒河总不寂寞。到了沙地，挤在众多当地人之中，与他们一样走进河流，我的蹑手蹑脚怎么弄都不自在，不算清澈的河水也总让我的心咯噔咯噔乱跳，就算是和他们做同样的事情，捧起河水洗脸和头，我也非常不自在。同样的事情，不同人做，就是完全不一样。怎么说服自己，都没能鼓起勇气饮一口恒河水，即便身旁正有人拿着木枝刷牙和洗衣服。这就是注定，他们生而信仰，我再怎么准备也不同。河里正玩耍的几个孩子给了我答案——因为我不是印度人。

是的，我不是印度人，怎能做到和他们一模一样？入乡随俗，没有十年八载，再多热爱之词也只是形式。穿过纱丽，扮过印度女人，却从未被当作过印度人。当我一心一意在他乡妄图混迹成当地面孔而不得，却在旅行结束回国后在自家地盘当了回印度人——穿纱丽系纱巾戴脚戒脚链穿骆驼皮拖鞋，公交车上路人对我说：“Hello，where are come from”，我当时就大笑，用标准的重庆话回答，我是渝中区的（重庆的一个区）……生活就爱开这种玩笑，欲求而不得，突然又在某天却以另一种方式给了你，一秒钟结束后我又有些伤感，那些曾在印度的点滴记忆涌上心头，恒河的水流缓缓流淌在心间，孤旅的寂寞与自在像双生姐妹围着我转悠，召唤我再次踏上旅途。

每一次旅行都是一次召唤，吹起号角，沉沉的鼓声和悠扬的笛声响起，自然而迷

人，卷着狂野气息扑向我。每个出发的前夜，我都会打开背包又关上，整理再整理，直到精疲力尽倒头大睡，闹钟一响即刻出发。渐渐的，旅行像远方为我下的魔咒，那片天空，那束阳光，那一鼻花香，诱得人心痒难止，呼吸困难，唯有出发才是解药。

在印度北部几座佛教圣地城市转悠了后，我又回到瓦纳拉西。面对恒河，我仍是旁观者。

刚回到恒河边就遇见一场婚礼。新郎和新娘由一根黄色长巾牵在一起，新郎走在前面，两只手自然垂落，头戴盖头的新娘由伴娘搀扶走下台阶。新婚的两人看起来零交流，走到河边，新郎和新娘蹲跪着按照神婆指示的程序接受恒河洗礼，我突然注意到新娘由手到脚都佩戴着银饰，她的脸被盖头遮住看不到模样……在婚姻并非完全自主决定的时代，他们看上去很好很美，透着所有婚礼该有的甜蜜。

看完婚礼，沿岸边的台阶码头边走边拍，台阶上横七竖八或坐或躺的人映入镜头。他们赤裸上身无布遮体，纹丝不动，我暗责自己是不是不慎靠近了火葬台，遇见了等待死亡的流浪者，仔细看才明白是苦力，趁着有空躺下就睡。和他们坐在一起心无旁骛，面对恒河众生平等，我们只是以不同方式呈现着生命的精彩。

我有些不一样了，说不上有什么不同，但生与死，那两个字在我的字典中有了新的注释。不知哪儿来的勇气，我跳进恒河，把晨浴当作在瓦纳拉西早上需做的功课。因为拥有了勇气，原本在胸腔的心沉到了肚里，对一些人一些事会坚决地说“不”，对一些离别一些牵挂有了充实的挂念，对身边该来的和该去的释然从容了。

后记

结束，也是开始

再见，瓦纳拉西。再见，印度。

在一个地方呆久了，会滋生出依恋，误把他乡当故乡，离开时会无事添愁般多生离别伤感。向瓦纳拉西道别，也是在向印度说再见。

由南向北的印度之旅，每一天都在发生新鲜故事，不可思议的混乱如同一些人口中所描绘的那样，愉快又复杂。印度，一方面有很先进的地方，拥有普遍的民主自由；一方面又有古怪离奇的制度，文化传统的力量大过法律，种族阶层根深蒂固。马未都说过，当制度碰到文化，制度就没有作用了。印度就是这样一个地方。

有人说，南印度和北印度分界线在孟买。北印度人与南印度人在长相和性格上仿佛截然不同，同样的殖民历史，北印度的城市混乱肮脏，贫穷是多数人的生活，民风也更剽悍；南印度的城市干净清爽，人们普遍表现得更有修养。孟买则是北印度与南印度各种人与文化交错时的空间，你会在这里遇见几百年的大家族，背景浑厚深藏不露；也会遇见整天住在垃圾堆边的一家老小，吃了上顿又为下顿发愁。看似复杂的环境中，我才意识到真正的印度之行，仿佛重新开始。

现在回想起来，在北印的近一个月时间里，遭遇过人生最大限度的挑战，持续半个月莫名的咳嗽；在凌晨3点被长途汽车扔在漆黑的夜里，又被完全陌生的三轮车夫带去未知方向；被城里几十条野狗狂追不停喊叫救命；在恒河的清晨遭遇无头女婴被扔进河里，恨不能立即吐出刚进嘴的河水……

有那么几天，连打开房间门走出去的勇气也丢失了，不想面对每天能发生各种烦心事的外面世界；有那么几天看见刻意搭讪的人就怒气相向，实在厌恶那些骗来骗去的小伎俩……我希望可以结束旅行，却在结束旅行之后，一直谈起在印度的旅行，那些曾经讨厌的人和事突然变得有趣。

我的旅行故事中大多写的是与古怪有关的故事，种姓和妇女是我最关注的，也是这个国家最无法解释的方面。2012年最让人吃惊的印度强奸案，因被强奸的女子阶层不高，从警察到法官都互相推诿，直到女孩重伤而死。更让人惊讶的是，在这件著名强奸案后不久，另一个女子被强奸去警察局报案，负责笔案的警察听着听着把报案女子强奸了，为怕女子把事情闹大，又将她带到警察副总督那寻求帮助，又被副总督二次强奸。受害女子再次报案后，并未得到公正处理，反而遭到多次威胁不准将事情公开。尽管有媒体介入，但这种事被不了了之的概率太高了。究其原因，被强奸的女子多属低阶层人群，被强奸后因势单力薄不敢声张，有的被害女子的家人因承受不起公开后丢人现眼而自杀；有的被害女子被强奸者迎娶回家，村中长老还千恩万谢感谢强奸者做了件大善事。这很像笑话，又确是真事。

在种姓阶层意识严重的乡村，种姓就像生来就有的标签长在脸上，高高在上或愁眉苦脸。所以很多年轻人愿意去大城市，人多的地方人口流动很大，人们忙碌的工作生活，谁也没空去关心别人的阶层，只要不涉及谈婚论嫁，长在脸上的阶层就隐藏起来了。更叫我觉得不可思议的是人们安贫乐道，也许偶尔会抱怨这种制度，却从未想过改变这种生活，只企盼在这一轮回的人生中多修善行，下一轮回就可以投胎去好人家。

有人说，对每个去过印度的人而言，有许多个印度。当走过印度大地，读过奈保尔的《印度三部曲》，仍觉得印度是一个不可思议的混乱又愉快的国家。如果非要以赞扬的姿态表达，印度该是人一生中值得去的地方。在这里，你不得不诚实地面对内心，看着生命一丝不挂，聆听自己——这件事我们很难靠一己之力去完成，印度让人回归原点，善良、仁慈、忠诚、欺诈、奸险、无奈、尊卑……面对此生种种，脆弱又端庄自持，卑微又从容优雅。

我最惊奇自己的改变是自己开始习惯微笑。这种简单的肌肉表情活动在日常杂乱忙碌生活中被郁结骄躁愤怒等情绪代替了，有时刻意地看喜剧片或笑话段子才能挤出几声干嚎的笑。我讨厌城市化和程序化，又不得不活在其中。可我在陌生城市面对陌生人时，没有人认识我，没有习惯的事物烦扰，笑容变得容易简单。每一个微笑的传递会喜悦地得到回应，让我认识友善可爱的人与世界。

是的，旅行的意义，就在于邂逅与众不同的人与事。当我明白这一点，即刻坦然。

生命里会有很多石头挡住去路，也有溪流草木满院蔷薇，我们逃避不了又被困住，倾听别人的故事也无法释然自己的苦楚，失去的和得到的都不尽如人意。站在石头旁停下脚步或闻着花香看着花开前行，无论怎么样，顺着心的河流方向，如梦初醒。成熟，不是心变老，是眼泪在眼睛里盈动嘴角还能露出甜美的微笑。